Knaus

K

Frederick Lenz

Der Mönch auf dem Snowboard

EINE ZEN-PHANTASIE

Aus dem Amerikanischen
von Hans Link

Albrecht Knaus

Die Originalausgabe erschien 1995 unter dem Titel
«Surfing The Himalayas. A Spiritual Adventure»
bei St. Martin's Press, New York

Umwelthinweis:
Dieses Buch und sein Schutzumschlag wurden auf chlorfrei gebleichtem Papier gedruckt. Die vor Verschmutzung schützende Einschrumpffolie ist aus umweltschonender und recyclingfähiger PE-Folie.

Der Albrecht Knaus Verlag
ist ein Unternehmen der Verlagsgruppe Bertelsmann

1. Auflage

Gesetzt aus Korpus Garamond
Satz: Filmsatz Schröter GmbH, München
Printed in Germany · Presse-Druck, Augsburg
ISBN 3-8135-0010-1

Dieses Buch
über meine Himalaya-Abenteuer
ist denen gewidmet,
die nach Erleuchtung und nach Lachen
streben.

Der folgende Bericht über meine Abenteuer im Himalaya beruht auf einer Reihe von Erlebnissen, die ich selbst vor einiger Zeit in Nepal hatte. Ich habe mir die Freiheit genommen, sie in romanhafter Form darzustellen, und hoffe, es wird Sie unterhalten und Ihnen Erleuchtung schenken.

FREDERICK LENZ

ERSTES KAPITEL

Die Reise nach Nepal

Ich liebe den Schnee, habe ihn immer geliebt. Irgend etwas in seinem vollkommenen Kristallweiß versetzt mich in einen Glückszustand. In frostkalten Schneesturmnächten, wenn alle vernünftigen Männer und Frauen hübsch daheimbleiben in ihren warmen Stuben, wenn ihre Kinder wohlbehütet in ihren Betten schlafen, sicher verwahrt unter Decken und flauschigen Daunenbetten, streife ich allein im windgepeitschten Schnee durch einsame, kieferngesäumte Straßen.

Meine Begeisterung für den Schnee zeigte sich bereits in meiner Kindheit. In den kalten Morgenstunden der Wintertage, an frostigen Nachmittagen spielte ich im Schnee, bis ich mit brennenden Wangen und erfrorenen Fingern von meiner Mutter nach drinnen gerufen wurde. Sie gab mir heiße Schokolade zu trinken und trocknete meine durchnäßten Kleider, Stiefel und Handschuhe am Kaminfeuer.

Sobald meine Sachen trocken waren, zog ich sie wieder über, lief aufs neue hinaus in das Schneeweiß unseres Gartens und spielte dort glücklich, bis die Sonne unterging und sich die ersten abendlichen Sterne zeigten.

Ich wäre bestimmt einmal Arzt geworden (wie meine Mutter es sich wünschte) oder hätte Jura studiert, um Anwalt zu werden (wie mein Vater mir riet), wenn mir meine Großeltern zu meinem siebten Geburtstag nicht meinen ersten Schlitten geschenkt hätten.

Es war ein Flexible Flyer aus heller Eiche und mit feuerwehrroten Stahlkufen. Die Worte «Flexible Flyer» waren stolz und für alle sichtbar in großen, schwarzen Lettern quer über den blonden Eichenrahmen gemalt. Den größten Teil jenes Winters und vieler folgender Winter verbrachte ich auf meinem Flexible Flyer, in rasender Fahrt jeden steilen, schneebedeckten Abhang hinuntersausend, den ich entdecken konnte.

* * *

Eine Schußfahrt über Schnee läßt sich mit nichts anderem vergleichen.

Der kalte Wind stürmt heran, peitscht einem übers Gesicht, während man in toller Schräglage einen abschüssigen Hang nimmt.

Man lenkt dann mit den Händen und hofft, immer noch schneller zu werden, wenn man sich so flach wie möglich auf den Schlitten preßt. Mit flinken Manövern, erst mit der linken, dann mit der rechten Hand, hielt ich immer auf die steilsten Abschnitte der Strecke zu, um die höchstmögliche Geschwindigkeit zu erreichen.

Viele eisige Winternachmittage brachte ich damit zu, meine Lenktechnik zu vervollkommnen, damit ich die Kurven noch schneller nehmen konnte. Sobald ich eine Abfahrt beendet hatte, stürmte ich lachend, meinen Flexible Flyer im Schlepptau, vom Fuß des Hügels wieder hinauf auf den Gipfel. Dort warf ich mich ohne Verschnaufpause sofort wieder auf meinen Schlitten und jagte aufs neue hangabwärts. Irgendwann hatte ich es geschafft und war schneller als alle meine Freunde.

Es war wohl nur folgerichtig, daß ich, als ich größer wurde, vom Schlittenfahren zum Snowboarden überging. Das Skifahren war mir ein zu geselliger Sport: Ihm fehlte die reine Intensität und die Eleganz, die ich darin empfand, mich auf einem ein Meter vierzig langen Fiberglasbrett stehend schneebedeckte Berge hinabzustürzen.

Nachdem ich mit dem Snowboard die meisten höheren Berge der Vereinigten Staaten und Kanadas bezwungen hatte, packte ich meine Taschen und zwei Snowboards, verabschiedete mich von meinen Freunden und Angehörigen und reiste per Flugzeug nach Nepal, um im Himalaya, auf dem Dach der Welt, durch den Schnee zu surfen.

* * *

Ich flog mit der Lufthansa nach Frankfurt und stieg dort in einen Flieger nach Katmandu. An einem späten kalten

Januarnachmittag kam ich an und machte mich, nachdem ich den Zoll passiert hatte, auf den Weg zur Jugendherberge.

Die Jugendherberge lag im Osten der Stadt, ein zweistöckiger, stuckverzierter Backsteinbau mit sehr kleinen Fenstern. Drinnen standen Feldbetten, und es wimmelte von europäischen Studenten. Die meisten von ihnen waren nach Nepal gekommen auf der Suche nach «Erleuchtung», die sie zu Füßen irgendeines einheimischen buddhistischen Mönchs zu erlangen hofften.

Das Essen in der Jugendherberge war einfach, aber gut. Es gab zwei heiße Suppen, weiches Fladenbrot und Tee. Nachdem ich mich angemeldet hatte, ging ich zum Essen und plauderte dabei mit einer blonden deutschen Studentin, die ebenfalls im Heim wohnte. Als sie meine Snowboards an der Wand stehen sah, fing sie an, mir mit ihrem schweren Akzent auf englisch unzählige Fragen über das Snowboarden zu stellen.

Ich stand ihr ungefähr eine Stunde lang Rede und Antwort und entschuldigte mich dann, vor Müdigkeit gähnend. Nachdem ich mich mit eiskaltem Wasser gewaschen hatte – heißes gab es nicht mehr –, kroch ich in meinen Schlafsack, schlief ein und hatte einen ganz außergewöhnlichen Traum.

In meinem Traum fuhr ich auf meinem Snowboard einen gigantischen Berg hinunter. Der Hang unter mir fiel steil, fast senkrecht ab, soweit mein Auge reichte. Ich ritt auf meinem Snowboard, glitt glücklich in den tiefen, körnigen Pulverschnee hinein und wieder hinaus, als plötzlich wie aus dem Nichts direkt vor mir ein kleiner, kahlköpfiger buddhistischer Mönch in safranfarbener Robe auftauchte!

Reflexartig riß ich mein Snowboard nach links herum, um nicht mit ihm zusammenzuprallen, aber da stand er immer noch, genau vor mir! Dann versuchte ich, ihm nach rechts auszuweichen, vergebens! Es schien gar keine Rolle zu spielen, welche Manöver ich mit meinem Snowboard ausführte; er schaffte es, ständig genau ein oder zwei Meter vor mir zu bleiben.

Nachdem ich mich mit der Tatsache abgefunden hatte, daß ich nicht von ihm fortkam – aus irgendwelchen Gründen fällt es einem in Träumen leicht, die außergewöhnlichsten Situationen zu akzeptieren –, verfiel ich darauf, den kleinwüchsigen, kahlköpfigen buddhistischen Mönch einfach nur anzustarren.

Ein weiches, schönes, golden schimmerndes Licht ging von ihm aus und hüllte seine ganze Gestalt ein. Sein von vielen feinen Altersfältchen zerfurchtes Gesicht zog mich unwiderstehlich in seinen Bann. Der kahlköpfige Mönch erwiderte meinen Blick gleichmütig. Dann, völlig unerwartet, winkte er mir zu. Und gleich darauf war er ebenso schnell wieder verschwunden, wie er zuvor aufgetaucht war.

Ein Blick nach vorn, und ich sah, daß ich auf meinem Snowboard mit irrwitziger Geschwindigkeit auf den Rand eines Abgrunds zujagte. Bevor ich bremsen konnte, schoß ich über den Rand des Steilhangs hinaus und stürzte – in einer alptraumhaften Wendung der Ereignisse – in einen bodenlosen Abgrund von Schnee!

Ich wollte gerade aufschreien, da hörte ich rechts von mir eine Stimme. In bestimmtem, männlichem Tonfall sagte sie: «Gib nicht auf! Flieg! Benutze deinen Geist. Du kannst es!»

Rasch blickte ich zur Seite und sah, daß der kleine, kahlköpfige Mönch plötzlich zu meiner Rechten wieder aufgetaucht war. Er stand direkt neben mir in der Luft, und er fiel mit genau derselben Geschwindigkeit wie ich nach unten.

«Flieg! Tu es einfach!» sagte er noch bestimmter. «Was bleibt dir anderes übrig? Setz deine Willenskraft ein. Tu es jetzt, sonst wirst du sterben und nie all den Menschen begegnen und helfen können, denen zu begegnen und zu helfen dir bestimmt ist!»

Während ich ihn reden hörte, wußte ich plötzlich genau, was zu tun war: Indem ich meine Gefühle zurückdrängte, konnte ich nach und nach meinen Sturz verlangsamen. Ich verstärkte meine Bemühungen, bis es mir gelang, mitten in der Luft stehenzubleiben. Und wenn ich meine Gefühle so intensiv wegdrängte, wie es eben nur ging, begann ich langsam aufzusteigen. Mit meinen Gefühlen als Motor und Steuerung flog ich auf meinem Snowboard durch die Luft, aufwärts, bis ich die Sicherheit des steilen Hangs über mir erreichte. Dort machte ich halt.

«Das war doch gar nicht so schwer, oder?» hörte ich die gleiche Stimme neben mir sagen.

Ich blickte mich nach dem kahlköpfigen Mönch um, aber er war nirgends mehr zu entdecken. Seine Fähigkeit, unvermittelt zu erscheinen und zu verschwinden und zu sprechen, ohne daß man ihn sah, wurde langsam lästig.

«Mach dir keine Gedanken darüber, wo ich bin», sagte er. «Du wirst mich noch früh genug zu sehen bekommen.»

Diese Worte hallten noch in meinem Kopf nach, als mich der Sonnenschein, der durch die Fenster der Jugendherberge auf mein Gesicht fiel, weckte und mein erster Morgen in Nepal seinen Anfang nahm.

* * *

Nachdem ich mich gewaschen und angezogen hatte, frühstückte ich rasch – heißen Tee und kaltes, in Honig getunktes Fladenbrot. Dann machte ich mich auf, Katmandu zu erkunden. Die engen, frühmorgendlichen Straßen waren bereits voller Menschen, die ihre Einkäufe tätigten.

Ich lief glücklich durch die Menge und lauschte dem Singsang der nepalesischen Ladenverkäufer, die ihre Ware anpriesen. Wohin ich auch kam, überall begrüßten mich die Aromen von Safran, Kreuzkümmel und Koriander, die aus Restaurants und Gewürzläden drangen und die Morgenluft parfümierten.

Ich hatte meinen nächtlichen Traum schon völlig vergessen, als mir einige kahlköpfige buddhistische Mönche in ihren leuchtend ockergelben Roben auf der Straße entgegenkamen. Ihr Anblick erinnerte mich wieder an den schwebenden Mönch, von dem ich in der letzten Nacht geträumt hatte.

Während ich die Mönche auf mich zukommen sah, hatte ich die verrückte Empfindung, ich könne, wenn ich mich nur intensiv genug konzentrierte – so wie ich es vergangene Nacht in meinem Traum getan hatte –, gen Himmel aufsteigen und über ihren Köpfen schweben! Ich lachte im stillen über die Absurdität meiner Gedanken, und genau in demselben Augenblick erwiderten die näher kommenden Mönche mein Lachen breit und offen. Während sie vorbeigingen, fragte ich mich unwillkürlich, ob sie wohl meine Gedanken gelesen hatten und sie genauso komisch fanden wie ich.

* * *

Nachdem ich ungefähr eine Stunde lang durch die Straßen der Stadt gestreift war, kam ich in die Außenbezirke Katmandus. Dort bot sich mir zum erstenmal ein wirklicher Blick auf den Himalaya. Die gewaltigen, schneebedeckten Berge erhoben sich fern am Horizont bis hoch in die weißen und grauen Wolken hinein. Auf ihren Hängen sorgten die dahinziehenden Wolken für ein stetes Wechselspiel von Licht und Schatten.

Ich glaube, ich stand endlos lange da, ganz in diesen Anblick versunken. Das gewaltige Gebirge wirkte unmittelbar und geradezu magnetisch auf mich: Ich wußte auf der Stelle, daß meine Zeit gekommen war, den Himalaya auf meinem Snowboard zu bezwingen!

* * *

Der nepalesische Angestellte an der Rezeption der Jugendherberge vermittelte mir eine Mitfahrgelegenheit in die Berge auf einem Yak-Karren eines einheimischen Bauern. Ich saß auf einem Haufen Stroh, neben mir mein Snowboard, und lauschte dem unablässigen Gerede des Wagenlenkers, ohne ein einziges Wort zu verstehen.

Jedesmal, wenn wir einen Tempel oder ein großes Gebäude passierten, hob er den rechten Arm und machte mich darauf aufmerksam. Dann lächelte er mir zu und redete mit aufgeregter Stimme nepalesisch auf mich ein. Ich verstand nichts, versuchte aber, höflich zu sein, erwiderte sein Lächeln und nickte zustimmend, während wir zusammen über die Stein- und Schotterpiste rumpelten.

Nach mehreren Stunden Fahrt stieg die Straße steil an, und ich sah die Berge des Himalaya zum erstenmal aus der Nähe. Ihre rauhe, zerrissene Schönheit traf mich mitten ins Herz. Während ich sie von der Karre aus weiter anstarrte, hatte ich plötzlich das Gefühl, all das schon einmal erlebt zu haben. Ich spürte deutlich, daß ich auf gewisse Weise und zu einer anderen Zeit schon einmal in diesen majestätischen Bergen gewesen sein mußte, obwohl dies zweifellos die erste Reise meines Lebens in diese Gegend hier war.

Langsam näherten wir uns einem hohen Gebirgspaß. Als wir die Paßhöhe erreicht hatten, gab ich dem Karrenlenker mit Gesten zu verstehen, er möge anhalten und mich aussteigen lassen. Von hier wand sich ein schmaler Pfad himmelwärts; er führte in größere Höhen als von der Straße aus erreichbar. Um zum Gipfel zu gelangen, mußte ich den Rest des Weges zu Fuß zurücklegen.

Nachdem ich mein Snowboard und die übrige Ausrüstung abgeladen hatte, dankte ich meinem Fuhrmann auf englisch und winkte ihm zum Abschied zu. Er lächelte und erwiderte meinen Gruß. Dann sagte er etwas auf nepalesisch und zeigte auf den Gipfel des Berges. Ich meinte, einen warnenden Unterton in seiner Stimme herauszuhören, aber soviel ich verstand, wünschte er mir nur Glück.

Noch ein letztes Mal winkte er mir zum Abschied zu und fuhr dann auf seinem Karren davon. Ich blieb allein im Schnee des späten Nachmittags zurück, auf halber Strecke zum Gipfel meines ersten himalayaischen Berges. Dann schnallte ich mir Snowboard und Tagesrucksack auf den Rücken und begann den langen, langsamen und beschwerlichen Anstieg auf dem steilen, steinigen Weg zum Gipfel.

ZWEITES KAPITEL

Wie ich Meister Fwap kennenlernte

Nachdem ich auf dem steilen Pfad mehr als drei Stunden lang bergauf gestiegen war, erreichte ich schließlich den Gipfel. Anders als in den Vereinigten Staaten gab es hier im Himalaya keine Sessellifte oder schnelle Kabinenbahnen, die einen bis auf den Gipfel brachten. So stand ich also schweißnaß vom Aufstieg auf meinem ersten Himalayaberg und blickte auf die schneebedeckten Hänge unter mir.

Während ich meinen Blick in die Ferne schweifen ließ, begriff ich plötzlich, daß ich auf einem Berg stand, der doppelt so hoch war wie alle anderen Berge, die ich bisher mit dem Snowboard genommen hatte. Ich stand dort oben, hörte auf das Rauschen des Windes und hoffte insgeheim, der Berg würde sich nicht als besonders lawinenträchtig erweisen.

Ich hatte an diesem Tag das längere meiner beiden Snowboards mitgenommen. Es war zwar nicht ganz so wendig wie das kürzere, dafür aber schneller und für tiefen Pulverschnee besser geeignet.

Ich schnallte meinen Rucksack ab, öffnete ihn und nahm meine Snowboardschuhe heraus. Dann schnürte ich mir rasch meine Wanderstiefel auf, zog sie aus, die Snowboarder an und verstaute die Wanderschuhe im Rucksack, den ich gleich wieder schulterte. Zuletzt setzte ich mir noch die Schneebrille auf; dann stieg ich auf mein Snowboard, bereit, von meinem ersten Himalayagipfel hinabzusurfen.

Die Abfahrt war phantastisch. Wie ein Geschoß brauste ich durch den tiefen Pulverschnee. Zum Ende meiner Abfahrt hin flachte das Gelände etwas ab, und ich wurde langsamer. Und genau an dieser Stelle und in diesem Augenblick surfte ich über meinen ersten buddhistischen Mönch!

Er schien wie aus dem Nichts gekommen zu sein. Zuerst glaubte ich, wieder zu träumen. Aber nein, dort, keine sechs Meter vor meinem bergabjagenden Snowboard, stand ein kleiner buddhistischer Mönch in einer safranfarbenen Robe!

Anders allerdings als der Mönch aus meinem Traum in der vergangenen Nacht hielt dieser Mönch, der jetzt genau in der Bahn meines zu Tale schießenden Snowboards stand, nicht auf magische Weise immer den gleichen Abstand von mir ein. Vielmehr bretterte ich, obwohl ich blitzschnell scharf nach links hielt, um nicht mit ihm zusammenzustoßen, genau in ihn hinein. Die Wucht unseres Zusammenpralls katapultierte uns beide kopfüber in den Schnee.

Zu seinem Glück war ich nicht mehr besonders schnell gewesen, als ich ihn mit dem Snowboard erwischte. Zu meinem Unglück machte der Gesichtsausdruck des Mönchs, nachdem wir uns beide wieder aufgerappelt hatten, nur allzu deutlich, daß er restlos bedient war.

Ich lief zu dem kahlköpfigen Mönch hinüber, um mich bei ihm zu entschuldigen und nachzusehen, ob er verletzt war. Wenn er auch alles andere als erfreut schien, gerade von einem Snowboard überfahren worden zu sein, schien er im übrigen doch wohlauf. Ich sah ihm ins Gesicht, und zu meiner Überraschung erkannte ich ihn. Es war der gleiche Mönch, den ich in der vergangenen Nacht in meinem Traum gesehen hatte.

Ich starrte ihn wortlos an und wußte weder, was ich sagen, noch, wie ich es sagen sollte. Plötzlich wünschte ich, ich hätte einen Schnellkurs in Nepalesisch absolviert, bevor ich ihn überfuhr. Nachdem noch einige Augenblicke vergangen waren, brach ich das unbehagliche Schweigen, das sich zwischen uns breitzumachen begann. Obwohl ich annahm, er würde kein Wort von dem verstehen, was ich ihm sagte, entschuldigte ich mich auf englisch bei ihm, während er sich noch immer den Schnee von seiner Kutte klopfte. Ich hatte das Gefühl, daß irgendeine Entschuldigung – und sei es in der falschen Sprache – besser war als gar keine Entschuldigung.

Seinem Gesichtsausdruck nach zu urteilen schien er dem, was ich sagte, sehr ernsthaft zuzuhören. Als ich mit meiner Entschuldigung zu Ende war, entspannte sich seine Miene, und er wirkte nicht mehr so aufgebracht.

Ich hätte ihm gern erzählt, daß er mir im Traum

erschienen war, aber abgesehen von meinem Unvermögen, nepalesisch zu sprechen, schien jetzt nicht ganz der richtige Zeitpunkt für eine zwanglose Unterhaltung.

Einige weitere Augenblicke des Schweigens verstrichen, während wir beide uns anstarrten. Dann sprach der Mönch, dessen Gesicht nach seiner jüngsten hautnahen Begegnung mit einem jungen, Snowboard fahrenden Amerikaner immer noch Spuren von Schnee aufwies, zu mir – nicht in dem nepalesischen Singsang, den ich erwartet hatte, sondern in einem sehr eleganten, wenn auch leicht akzentuierten Englisch.

«Unsere Begegnung war uns vorherbestimmt; dein Karma hat sie herbeigeführt», begann er. «Eine Entschuldigung für das Unvermeidliche ist völlig überflüssig. Außerdem bin ich, wie du selbst sehen kannst, unverletzt. Es scheint, als hättest du einen viel schwereren Sturz gehabt als ich, junger Mann.»

«Ich habe Sie letzte Nacht in einem Traum gesehen», platzte ich heraus.

«Das war kein Traum», erwiderte er. «Das war Wirklichkeit.»

«Wie meinen Sie das?» fragte ich.

«Natürlich war es real, mein junger Freund. Nimm dieses Brett, auf dem du den Berg herabgeflogen bist, und begleite mich zurück nach Katmandu. Wir können uns beim Gehen unterhalten. Komm jetzt – wir müssen uns beeilen. Die Sonne wird bald untergehen, und dann ist es hier draußen selbst für Buddhas Mönche zu kalt!»

Noch während er sprach, mußte ich an den langen Marsch zurück in die Jugendherberge in Katmandu denken, der vor uns lag, und fühlte mich plötzlich extrem müde. Als ob er meine Gedanken gelesen hätte, meinte der Mönch: «Ich glaube nicht, daß wir den ganzen Weg zu Fuß gehen müssen. Sicherlich wird schon bald ein Wagen halten und uns mitnehmen. Es liegen gewisse Vorteile darin, eine gelbe Kutte zu tragen.»

Er lächelte und stellte sich dann vor. «Mein Name ist Meister Fwap Sam-Dup. Ich bin der letzte Meister der Rae-Chorze-Fwaz-Schule des tantrischen Mystizismus und der buddhistischen Erleuchtung. Du darfst mich Meister Fwap nennen, wenn du willst.»

Nachdem er sich so vorgestellt hatte, machte er eine schnelle, anmutige Verbeugung. Dann fragte er mich nach meinem Namen. Ich stellte mich dem betagten Mönch also vor und verbeugte mich ebenfalls, verlegen und unsicher. Mit glitzernden Augen beobachtete er mich, und ich konnte mir denken, daß er sich insgeheim über den Mangel an *savoir faire* amüsierte, den ich mit meiner unbeholfenen Verbeugung zu erkennen gab.

Nachdem ich meine Snowboarder wieder gegen meine Wanderstiefel vertauscht hatte, schulterte ich meinen Rucksack und schnallte mir das lange Brett auf den Rücken. Dann marschierten wir gemeinsam den noch unter uns liegenden Teil des schneebedeckten Berghanges hinunter, bis wir auf die Schotterstraße kamen.

DRITTES KAPITEL

Die Straße nach Katmandu

Wir waren den Hang hinabgestiegen, ohne ein Wort zu wechseln. Außer dem unablässigen Knirschen meiner Wanderstiefel auf dem überfrorenen Schnee war kein Geräusch zu hören. Als wir schließlich die Straße erreicht hatten, mußte ich mich hinsetzen und ein paar Minuten ausruhen; ich war sowohl körperlich als auch geistig erschöpft – von der Höhe und von der Erregung, gerade meinen ersten Himalayagipfel mit dem Snowboard genommen zu haben, und natürlich von der unglaublichen Tatsache, den Berg hinunterzulaufen in Begleitung eines kleinen, kahlköpfigen Mönches, den ich in der letzten Nacht im Traum kennengelernt und heute mit dem Surfboard überfahren hatte.

Während ich so dasaß und so gut es ging versuchte, wieder zu Kräften zu kommen, stimmte Meister Fwap leise einen buddhistischen Gesang an. Der Klang seiner Stimme beruhigte mich. Nachdem ich ihm ein paar Minuten zugehört hatte, fühlte ich mich erfrischt und entspannt. Ich stand auf und trat zusammen mit dem Mönch den Marsch nach Katmandu an.

Während ich neben Meister Fwap herging, hatte ich Gelegenheit, ihn genauer zu betrachten. Er war knapp einen Meter sechzig groß und sehr dünn; er wog bestimmt nicht mehr als fünfundfünfzig Kilogramm. Von meinem Ein-Meter-neunzig-Ausguck aus hatte ich einen ausgezeichneten Blick auf seinen sauber geschorenen, runden Schädel.

Sein Gesicht war wie das so vieler Nepalesen von der lebenslangen Einwirkung des hellen Sonnenlichtes und der extremen Höhe zart gerunzelt. Aber obwohl seine Haut von vielen feinen Altersfältchen durchzogen war, wirkte sie nicht alt oder ausgezehrt. Im Gegenteil, sie zeigte einen gesunden, jugendlichen Glanz.

Nach meiner Schätzung war Meister Fwap ungefähr siebzig Jahre alt. Seine Augen waren haselnußbraun, schienen aber im Farbton je nach Stimmung zu schwanken. Wenn er lächelte – was oft der Fall war –, entblößte er zwei vollständige Reihen perlweißer Zähne.

Seine safranfarbene Mönchsrobe schien ein altes Stück zu sein. An manchen Stellen, wo sie übermäßig der Sonne ausgesetzt gewesen war, war die Farbe ungleichmäßig und verblichen. Er trug kleine Stiefel mit langen Strümpfen und bewegte sich mit eleganter Behendigkeit. Ich hatte einige Mühe, mit ihm Schritt zu halten.

Aber es waren vor allem seine Augen, die mich fesselten. Sie sprühten vor innerer Energie und einer Intelligenz, wie ich sie nie zuvor bei jemand anderem gesehen hatte. Seite an Seite mit Meister Fwap hatte ich das seltsame und beunruhigende Gefühl, ihn schon immer gekannt zu haben. Aus irgendeinem unerfindlichen

Grund schien es für uns beide nicht im mindesten ungewöhnlich oder überraschend zu sein, hier draußen im Himalaya an einem späten Januarnachmittag gemeinsam durch den Winterschnee eine Straße hinunterzugehen.

«Ich habe mir schon gedacht, daß wir beide bald aufeinandertreffen würden», sagte er lachend, «obwohl ich zugeben muß, ich habe nicht gewußt, daß es heute passieren würde. Mein eigener Meister, Fwaz Shastra-Dup, hat mir unser Zusammentreffen vor vielen Jahren prophezeit. Er sagte, ich würde auf diesem Berg hier eines Tages auf einen hochgewachsenen jungen Mann aus dem Westen stoßen. Aber ich muß doch sagen, daß ich diese Bemerkung damals nicht ganz so wörtlich verstanden habe!» sagte er mit einem herzlichen Lachen.

«Wenn es dich nicht stört», fuhr er fort, «werde ich dir unterwegs ein wenig von mir erzählen. Und morgen kannst du mich, wenn du möchtest, in dem Tempel besuchen, in dem ich lebe. Er liegt im Westen Katmandus, in den Außenbezirken der Stadt.»

* * *

Während wir der Straße nach Katmandu folgten, erzählte mir Meister Fwap von seinem Leben. Er war in einem kleinen Dorf im östlichen Tibet zur Welt gekommen. Als Kind hatte er schon früh eine Neigung zum Buddhismus gezeigt, und so hatten ihn seine Eltern an seinem zehnten Geburtstag – wie es damals in Tibet

Brauch war – in ein benachbartes Kloster eintreten lassen, damit er buddhistisches Yoga lernen und Mönch werden konnte.

Meister Fwap erzählte mir, es seien viele schöne Jahre gewesen, die er als Heranwachsender im Kloster verbracht habe. Die älteren Mönche unterrichteten ihn in buddhistischem Schrifttum, in Meditation, Astrologie und tibetischer Medizin, und mit einigen jungen Mönchen übte er sich in der Kunst des Debattierens und in den traditionellen Kampfkünsten.

Die alten Mönche seines Klosters, die ihn unterrichteten, hatten sich zwar bestens auf Meditation und buddhistisches Yoga verstanden, aber leider war keiner von ihnen «erleuchtet» gewesen. Im Alter von neunzehn Jahren, als er das Gefühl hatte, alles gelernt zu haben, was ihm die älteren Mönche dort beibringen konnten, beschloß er daher, das Kloster zu verlassen und sich auf die Suche nach einem erleuchteten Meister zu machen.

«Ich wußte, daß nur ein vollständig erleuchteter Meister des buddhistischen Yoga, der über die ganze Kraft der Erleuchtung verfügte», erklärte Meister Fwap, «in der Lage sein würde, mir zu zeigen, wie ich noch in diesem Leben Erleuchtung erlangen und das Nirwana erreichen konnte.»

Auf seiner Suche nach einem derartigen Meister streifte der junge Meister Fwap viele Jahre lang durch Tibet, Nepal, Bhutan, Sikkim, China und Indien. Auf seinen Reisen lernte er viele Meister des buddhistischen

Yoga kennen, von denen einige sogar Wunder wirken konnten!

Ich fragte Meister Fwap, ob er mir von einigen dieser Wunder berichten könne. Darauf erzählte er mir, er sei buddhistischen Meistern begegnet, die schweben konnten, solchen, die Kranke heilen oder sich nach Belieben unsichtbar machen, den Nachthimmel mit weißem und farbigem Licht erfüllen, Tore zwischen den Dimensionen auftun und viele andere unglaubliche Werke tun konnten. Die außergewöhnlichen Kräfte, die diese Meister besäßen und die es ihnen ermöglichten, diese Wunder zu vollbringen, würden Siddhis genannt. Und ich erfuhr auch, daß die Meister, die er kennengelernt hatte, ihre Siddhikräfte nach vielen Jahren der Meditation aus ihren Chakras bezögen.

An dieser Stelle unterbrach ich Meister Fwaps Erzählung und bat ihn, mir zu erklären, was Chakras seien. Chakras, so belehrte er mich, seien mystische Energiezentren in der menschlichen Aura. Jedes lebende Wesen besäße eine Aura, ein Feld spiritueller Energie, das seinen körperlichen Leib umgebe und vor negativen spirituellen Energien schütze; die Aura sei das «spirituelle Immunsystem» des Körpers. Weiter führte Meister Fwap aus, daß die Chakras eines Menschen ungeheure dunkle Kräfte beherbergten und daß die Siddhimeister bei ihren Meditationsübungen von diesen Kräften zehrten, sie in sich speicherten und sie dann später verwenden könnten, um damit Wunder zu wirken.

Aus buddhistischer Sicht, meinte Meister Fwap, sei es gewiß eine große Vervollkommnung des Yoga, als Siddhimeister über Siddhikräfte zu verfügen, aber es bedeute eben nicht, erleuchtet zu sein. Viele Menschen verwechselten gewöhnlich die Siddhimeister, die durch Aktivierung ihrer Chakras Wunder wirken könnten, mit erleuchteten Meistern, die in das tiefe Meditationsstadium der Leere einzutreten vermögen (welches er als Samadhi bezeichnete).

Viele Siddhimeister hatten Meister Fwap zwar sehr beeindruckt mit den Kräften, über die sie verfügten, und mit den Wundertaten, die sie vollbrachten, aber nie habe er bei einem von ihnen wirklich den Eindruck gehabt, er sei wahrhaft erleuchtet.

Daraufhin fragte ich Meister Fwap – nachdem ich zuvor zugegeben hatte, nicht die leiseste Ahnung davon zu haben, was Erleuchtung bedeute oder warum jemand danach strebe –, wie er überhaupt feststellen könne, ob ein buddhistischer Meister wahrhaft erleuchtet sei.

Meister Fwap antwortete, daß seiner Ansicht nach zweierlei erkennen lasse, ob ein buddhistischer Meister wirklich erleuchtet sei. Zum einen müsse die Aura des Meisters während der Meditation eine schöne, helle, goldene Farbe annehmen.

«Meint Ihr, Ihr seht wirklich ein goldenes Licht, das den Körper eines erleuchteten Meisters umgibt, Meister Fwap?»

«O ja, aber ganz bestimmt!» sagte er und nickte dazu.

«Fast jeder kann das goldene Licht in der Aura eines Meisters sehen, wenn der Meister meditiert, es sei denn, der Betreffende wäre spirituell stark blockiert.»

Meister Fwap ging noch weiter ins Detail und fügte hinzu, manchmal könne man außer dem Gold noch weitere Farben in der Aura eines erleuchteten Meisters erkennen, und in manchen besonderen Momenten seien sogar viele Farben gleichzeitig zu sehen. Diese vielfarbige Erscheinungsweise der Aura nannte er «die Regenbogenfarben» eines Meisters.

Dann kam Meister Fwap auf das zweite Merkmal zu sprechen, das auf einen wahrhaft erleuchteten Meister schließen ließe: seinen Sinn für Humor.

Ein erleuchteter buddhistischer Meister habe immer einen geradezu unerhörten Sinn für Humor, weil das Leben, mit den Augen der Erleuchtung betrachtet, unglaublich komisch sei!

Das überraschte mich. Ich glaube, ich hatte mir buddhistische Meister immer sehr stoisch vorgestellt. Meister Fwap belehrte mich rasch, daß die Erleuchtung natürlich so viele Seiten habe, wie es Wege gebe, sie zu erlangen, daß aber die Erfahrung der Erleuchtung stets sowohl den Lehren als auch der Persönlichkeit eines Meisters etwas Leichtes und Spielerisches verleihe.

Wenn man während der Meditation vor einem erleuchteten Meister sitze, habe man das Gefühl, sich inmitten eines Energiesturms zu befinden. «Manchmal», sagte er, «vibriert der ganze Körper in Ekstase, wenn man spürt, wie die Wellen spiritueller Energie, die vom Meister ausgehen, auf den eigenen Körper treffen.»

Nach diesem kurzen Exkurs über das Thema Erleuchtung nahm Meister Fwap die Erzählung von seiner Suche nach einem erleuchteten buddhistischen Meister wieder auf. Er berichtete, er habe auf all seinen Reisen durch den Osten keinen Meister kennengelernt, der die beiden notwendigen Bedingungen der Erleuchtung erfüllt habe. Zwar seien ihm einige sehr humorvolle Meister begegnet, aber von keinem von ihnen seien während der Meditation Wellen goldenen Lichts ausgegangen.

* * *

Ich fragte Meister Fwap, ob er bei einigen der Siddhimeister, die er auf seinen Reisen kennengelernt hatte, studiert habe, und falls dem so sei, ob er auch gelernt habe, irgendwelche Wundertaten zu vollbringen. Um ehrlich zu sein, interessierte ich mich viel mehr für die Siddhimeister und ihre Wundertaten als für die Leere und die Erleuchtung.

Meister Fwap gab mir zur Antwort, daß das geistige Wissen, das er «erleuchtetes Bewußtsein» nannte, von viel größerer Bedeutung sei als die Fähigkeit, ein paar Wunder vorzuführen.

«Spirituelles Wissen ist die Erfahrung der Erleuchtung und erfordert ein Verständnis der allerinnersten Wirkungsweise der Erleuchtung», hob Meister Fwap an.

«Spirituelles Wissen ist das Bewußtsein des ewigen Aspekts der Dinge: des Ewigen in uns selbst, in anderen, in der Welt, die in uns und außer uns existiert.

Die Erleuchtung zu erlangen macht für alle Ewigkeit glücklich!» rief er freudig aus. «Sie befreit dich von den geistigen und emotionalen Schmerzen, die nicht erleuchtete menschliche Wesen jeden Tag erleiden. Wenn du erleuchtet bist, lebst du ständig in einem Zustand der Ekstase, der Heiterkeit und Freude.

Die einzige Wirklichkeit, die es für die meisten Menschen gibt», fuhr Meister Fwap fort, «ist die Welt, wie sie den Augen und den anderen Sinnen ihres Körpers jeden Tag erscheint. Sie glauben, daß *diese* Welt die einzige ist, in der man leben kann.

Die Welt, die du um dich herum wahrnimmst, scheint körperlich zu sein. Sie ist voll von Bergen, Schnee, Pflanzen, Tieren und Menschen. Sie wird beherrscht von der Zeit und von den Gesetzen, denen Materie und Energie gehorchen.

Es ist eine Welt, in der wir Freude und Schmerz erleben können, Verlust und Gewinn, Geburt und Tod, Glück und Sorge.

Natürlicherweise ist das Glück der meisten Menschen sehr begrenzt, da sie sich nur ihrer körperlichen Natur und der körperlichen Seite ihres Lebens bewußt sind. Wenn ihr körperliches Leben angenehm ist, wenn die Geschehnisse und Umstände ihres tagtäglichen Lebens sich so entwickeln, wie sie es sich gewünscht oder erhofft haben, dann sind sie gewöhnlich für eine kurze Zeitspanne glücklich. Aber wenn die Ereignisse und Umstände in ihrem Leben sich nicht so entwickeln wie gewünscht oder erhofft, dann werden ihre Erfahrungen größtenteils von Sorge, Unglück und Leid bestimmt.

Ich bin sicher, du weißt inzwischen aufgrund deiner eigenen Lebenserfahrung, daß die meisten Menschen nicht wirklich glücklich sind. Blickt man unter die Oberfläche – hinter die Fassade des Lächelns, die sie dem Rest der Welt schenken –, sind die meisten Menschen seelenkrank. Die überwältigende Mehrheit der Menschen, die unseren Planeten bevölkert, lebt ein Leben der stillen Verzweiflung, das nur allzuoft hart und schmerzhaft ist – ein Leben, dessen Ereignisse und Umstände sich anders entwickeln als ersehnt.

Die meisten menschlichen Wesen haben den Zugang zu ihrer spirituellen Ebene völlig verloren», stellte Meister Fwap in sachlichem Tonfall fest, «und auch zu den inneren Dimensionen, die sich in ihnen verbergen. Sie machen sich nicht klar, daß jeder eine Seele hat – einen inneren Kern aus Licht und Einsicht, so geräumig wie Zehntausende von Welten –, deren wahre Natur Leere, Ekstase und Glück sind.»

«Aber, Meister Fwap», warf ich schnell ein, «unzählige Menschen wissen, daß sie eine Seele haben! Das bringt man den Leuten in der Kirche bei.»

«Ja», erwiderte er. «Manche Menschen wissen, daß sie eine Seele haben. Aber das bedeutet noch nicht, daß sie ihre eigene Seele jemals wirklich selbst erlebt hätten oder wüßten, wie sie sie erreichen können, um deren Kraft, deren Schönheit, deren Glück und deren Erleuchtung in ihr Alltagsleben zu holen.

Die menschlichen Wesen sind seelenkrank, weil sie von der Ekstase der Schöpfung abgeschnitten sind! Erleuchtung, die nichts anderes ist als die reine Erfahrung des Lichts der Seele, ist nicht einfach eine Verstandeserkenntnis, die man über das Leben gewinnt, sondern sie ist ein direkter und kraftvoller Zugang zu dem ältesten und kenntnisreichsten, dem ewigen Teil unserer selbst.

Wir sind lichte Wesen!» rief Meister Fwap.

«Unter der Oberfläche unserer vergänglichen, leiblichen Körper bestehen wir aus dem Licht der Erkenntnis. Unser eigener Lichtkörper – den ich die Seele nenne – ist der wirklichste Teil von uns, weil er ewiges Leben besitzt. Er stirbt nicht mit dem leiblichen Körper und geht nach dessen Tod nicht mit ihm zugrunde. Am Ende jeder unserer Lebensspannen wandert er weiter – durch den Prozeß der Inkarnation – und geht in einen neuen Leib ein, der gerade geboren wird. Dann beginnt die Seele den Lebenszyklus in einer neuen Inkarnation wieder von vorn.

Jenseits dieser Welt, die wir jeden Tag mit unserem Verstand und unseren Sinnen erfahren», fuhr er fort, «gibt es unzählige weitere Welten und Dimensionen. In tiefer Meditation, wenn die Gedanken zur Ruhe gekommen sind und die Gefühle stillen Frieden gefunden haben, kann man die inneren Welten und Dimensionen des Lichts und der Vollkommenheit erfahren und bereisen und sogar das Nirwana erleben.

Es gibt keine Erfahrung in dieser oder irgendeiner anderen Welt, sei es in körperlicher oder astraler Dimension, die mit der Erfahrung der Erleuchtung und des Nirwana vergleichbar wäre. Es ist die höchste Ekstase. Es gibt kein Darüberhinaus.»

Meister Fwap verfiel in Schweigen. Seine Ausführungen über die Erleuchtung und das Nirwana schienen ihn auf eine andere Ebene gehoben zu haben. Ich ging zwar neben ihm her, hatte aber das bestimmte Gefühl, daß er nicht ganz in seinem Körper war. Er schien in weite Fernen entschwunden zu sein, an einen Ort, der nur für ihn bestimmt schien und den ich weder richtig sehen noch erreichen konnte.

Nachdem er einige Minuten lang schweigend neben mir hergelaufen war, hob er mit sehr ruhiger Stimme wieder zu sprechen an: «In der Welt, die sich die menschlichen Wesen geschaffen haben, greifen Armut, Krankheit, Hunger und Tod immer weiter um sich. Diese Welt ist erfüllt von Krieg und Kriegsgeschrei.

Selbst wenn die Menschen es schaffen, durch glückliche Umstände oder durch harte Arbeit, im Leben alles zu erreichen, was sie erstreben, ist ihr Glück gewöhnlich seicht und nicht von Dauer. Die meisten erfolgreichen Menschen sind überrascht, wenn sie entdecken, daß ihnen das Erreichen ihrer Ziele nicht notwendigerweise das Glück und die Freude verschafft, die sie sich als Konsequenz ihrer Erfolge versprochen hatten. Und selbst die vom Glück Begünstigten, die es fertigbringen, durch Erreichen ihrer Ziele glücklich zu werden, leben Tag für Tag in der beständigen Furcht, zu verlieren, was immer sie erreicht haben mögen.

Nicht einmal die Reichen sind immer glücklich. Reichtum ist bestenfalls eine vorübergehende Ablenkung. Er macht nicht immun gegen das Leid und auch nicht gegen Krankheit und Tod. Auch die Reichen müssen mit der Einsamkeit fertig werden, dem Tod geliebter Menschen, den Enttäuschungen und dem Überdruß des Alters. Sie mögen in größerem Maße materielle Güter und Vorteile genießen, aber meist neigen sie dazu, ein geistig verarmtes Leben zu führen.

Die Zeit bringt die letzte Aufrechnung für alles, was wir in diesem Leben erwerben oder erreichen!» stellte Meister Fwap nachdrücklich fest. «All unsere Habe samt der Menschen und der Gefühle, an denen wir hängen, sind uns bestenfalls von der Ewigkeit für eine sehr kurze Zeitspanne geliehen.

Wenn man sehr lange lebt, wird man seine Freunde und Liebsten sterben, seinen Körper altern und alle Kraft und Schönheit dahinschwinden sehen und erleben, wie man seine geistigen Fähigkeiten verliert. Jede körperliche Vollendung, ganz gleich, wie wichtig und bedeutsam sie einem zuzeiten erschienen sein mag, wird zum Tribut an die Vergangenheit.

Das Ende seines Lebens verbringt man wahrscheinlich in einem Altenheim oder in einem Hinterzimmer im Hause seiner Kinder, allein gelassen mit einer Handvoll verblassender Erinnerungen und einem Körper, der von starkem Schmerz und Leid zermartert wird.

Ohne das Glück gekannt und die Ekstase erreicht zu haben, die der Praxis der Meditation entspringen, wird die unausweichliche Zerstörung all dessen, was man geliebt und wofür man gearbeitet hat, einen während der letzten Lebenstage auf dieser Erde sehr traurig und einsam machen.»

«Aber wie könnte denn die Erleuchtung irgend etwas daran ändern, Meister Fwap?» fragte ich. «Wenn man erleuchtet ist, bedeutet das doch nicht, daß man nicht sterben muß oder daß man von schlechten Erfahrungen im Leben verschont bleibt, oder?»

Meister Fwap lächelte. «Nein», sagte er, «die Erleuchtung ermöglicht einem nicht, auf ewig in einem einzigen leiblichen Körper weiterzuleben, und sie hält auch kein körperliches Ungemach fern – obwohl sie einem sicherlich hilft, vieles davon zu vermeiden.»

«Wozu ist sie dann nütze?» fragte ich.

«Die Erleuchtung macht dich glücklich!» antwortete Meister Fwap mit breitem Lächeln. «Sie ist die Erfahrung einer Ekstase, die über alles hinausgeht, was man sich vorstellen kann. Das Wissen über die Welt der Erleuchtung – der Wirkweise der inneren Dimensionen und des Nirwana – eröffnet eine völlig neue Sicht aller Dinge. Es erhebt uns weit über die vergänglichen Sorgen, die Schmerzen, Annehmlichkeiten und Freuden, die die nicht erleuchteten Massen jeden Tag ihres Lebens erfahren.»

Meister Fwap erläutert die Erleuchtung

Es wurde jetzt kälter, und bisher war noch kein einziger Wagen vorbeigekommen. Ich zog den Reißverschluß meines Parka ganz nach oben. Nach einigen Minuten brach ich das Schweigen, das sich über uns gesenkt hatte, und fragte Meister Fwap, ob er mir eine «kurze» Definition der Erleuchtung geben könne. Er lachte so herzlich, daß es ihn schüttelte. Dann sagte er, wenn ich mich recht erinnere, etwa folgendes:

«Erleuchtung ist das vollständige Bewußtsein des Lebens ohne jede verstandesmäßige Einschränkung. Sie ist die Erfahrung von allem – der Ebenen, Welten und Wirklichkeiten aller Dimensionen. Erleuchtung tritt ein, wenn dein Geist mit dem Nirwana verschmilzt, mit dem, was die Tibeter das Dharmakaya nennen, das klare Licht der Wirklichkeit, das die höchste Ebene der transzendentalen Weisheit und des vollkommenen Verstehens ist.

Jenseits dieser Welt und jenseits aller anderen Welten», fuhr er fort, «herrscht das allvollkommene Licht. Es ist reine Erkenntnis, Ekstase, reiner Friede und reines Glück! Es ist das Licht, das jenseits der Dunkelheit, der

Zeit, des Raumes und der Dimensionalität strahlt. In diesem allvollkommenen Licht gibt es keinen Schmerz, kein Leiden, keine Beschränkung irgendwelcher Art.

Erleuchtung ist die Erfahrung dieses endlosen und vollkommenen Lichtes. Es gibt allerdings keine Möglichkeit, die Erfahrung der Erleuchtung mit Worten wiederzugeben. Ohne selbst erleuchtet zu sein, kommt man der Erfahrung allerdings noch am nächsten, wenn man mit einem erleuchteten Meister zusammen meditiert.

Ich bin zwar», schloß Meister Fwap seine Erklärung ab, «nicht in der Lage, dir die Erfahrung der Erleuchtung genau zu beschreiben, aber ich kann dir versichern, daß ihre Schönheit jeden Begriff übersteigt. Die Erfahrung der Erleuchtung befreit deinen Geist von schmerzhaften und begrenzten Zuständen des Bewußtseins. Sie ist Ekstase, Friede und Glück über jedes Maß hinaus!»

Nachdem Meister Fwap mir erklärt hatte, warum er mir nicht beschreiben konnte, wie man die Erfahrung der Erleuchtung erlebt, nahm er die Erzählung von seiner Suche nach einem erleuchteten Meister wieder auf. Nach vielen Jahren fruchtlosen Reisens und Suchens hatte er beschlossen, sich eine Frist zu setzen. Falls er mit neunundzwanzig Jahren seinen Meister immer noch nicht gefunden hatte, wollte er die Suche abbrechen und statt dessen nach einem hübschen tibetischen Mädchen Ausschau halten und mit ihm einen Hausstand gründen.

Aber wie es das Schicksal fügte, traf er am Nachmittag

seines neunundzwanzigsten Geburtstages auf dem Weg in ein Städtchen, wo er sich um ein Rendezvous bemühen wollte, zu guter Letzt seinen Meister.

Die Geschichte von Meister Fwaps Zusammentreffen mit seinem Meister wurde unterbrochen, als uns einige langhaarige, blonde schwedische Bergsteiger auflasen und uns in ihrem alten Armeelaster nach Katmandu mitnahmen. Während der Fahrt erzählten sie Meister Fwap, wie gern sie auch nach Tibet fahren würden, dessen Grenzen die chinesischen Kommunisten für Touristen geschlossen hatten. Meister Fwap schwieg derweil, hörte entweder zu, was die beiden zu sagen hatten, oder meditierte (das war schwer zu entscheiden), bis wir vor der Jugendherberge hielten.

Bevor wir uns an jenem Tag trennten, gab Meister Fwap mir eine Wegbeschreibung zu dem Tempel, in dem er wohnte. Er schlug vor, daß ich ihn am nächsten Tag gegen Mittag besuchen sollte. Ich wußte nicht, was ich darauf sagen sollte. Ich war nach Nepal gekommen, um Snowboard zu fahren, und nicht, um meine Zeit mit einem buddhistischen Mönch zu verbringen und über die Erleuchtung zu plaudern. Ich bedankte mich herzlich für seine Einladung und dafür, daß er mir ein wenig von seinem Leben erzählt hatte, und entschuldigte mich noch einmal dafür, daß ich ihn mit dem Snowboard überfahren hatte. Aber eigentlich wußte ich, daß ich auf seine Einladung, ihn am nächsten Tag zu besuchen, nicht eingehen würde.

Nachdem ich aus dem Truck gesprungen war, bedankte ich mich bei dem schwedischen Fahrer und seinen Freunden fürs Mitnehmen. Sie sagten, sie wollten Meister Fwap noch zu seinem Tempel bringen. Lachend meinten sie, andernfalls würden sie sehr schlechtes Karma auf sich laden.

VIERTES KAPITEL

Ein zweiter außergewöhnlicher Traum

Zweifellos würde ich Ihnen diese Geschichte über meine Jugendabenteuer in Nepal nicht erzählen, wenn ich nicht nach der Rückkehr zur Jugendherberge einen zweiten, äußerst ungewöhnlichen Traum gehabt hätte. Nachdem ich mich von Meister Fwap und den schwedischen Bergsteigern getrennt hatte, machte ich mich in der Jugendherberge auf die Suche nach etwas Eßbarem. Nach meinem Snowboardabenteuer, meinem Zusammenstoß und meinem Gespräch mit Meister Fwap war ich total ausgehungert.

Nach Suppe, Brot und einem Gespräch über Politik mit zwei französischen Studenten, die gerade aus Indien eingetroffen waren, kroch ich in meinen Schlafsack und fiel sofort in einen zunächst tiefen und traumlosen Schlaf.

Zunächst traumlos, aber dann träumte ich einen Traum, der mein Leben für alle Zeiten verändern sollte.

In meinem Traum irrte ich in einem Schneesturm umher. Ich war allein. Ich hatte das Gefühl, in den Bergen zu sein, aber ich war mir nicht ganz sicher, weil der Schneesturm, in dem ich mich befand, so schlimm war, daß ich kaum einen Meter weit sehen konnte.

Nachdem ich wie blind scheinbar eine Ewigkeit lang im Schnee herumgelaufen war, kam ich an einen buddhistischen Tempel. Das Tor stand einen Spaltbreit auf. Ein weiches gelbes Licht kam von irgendwo aus dem Tempel und fiel durch die halbgeöffnete Tür auf den schneebedeckten Boden vor mir.

Ich ging zum Tor, öffnete es ganz und betrat dann den Tempel; ich war in eine sehr große Halle mit bunten Fenstern und gewölbter Decke gelangt. Ich schaute mich um und sah, daß die Halle von Hunderten kleiner, flackernder Kerzen erleuchtet wurde, die säuberlich auf Eisenregalen an den Wänden aufgereiht waren.

Direkt vor mir im vorderen Teil der Halle stand ein großer weißer Marmoraltar, auf dem sechs riesige, rote Kerzen symmetrisch aufgestellt waren. Über dem Altar an der Wand hing ein großer bunter Teppich mit einem Bild des Buddha in sitzender Meditationshaltung.

Am anderen Ende der Halle, gegenüber dem Altar, sah ich einen Mann im Lotossitz auf dem Boden sitzen. Seine Augen waren geschlossen, und er schien in tiefe Meditation versunken zu sein. Unwillkürlich ging ich auf ihn zu. Als ich näher kam, wandte er den Kopf, öffnete die Augen und blickte zu mir auf. Beim Anblick seines Gesichtes hatte ich das unmittelbare Gefühl, ihn zu kennen, obwohl ich nicht genau sagen konnte, wo und wann ich ihm schon einmal begegnet war. Stumm bedeutete er mir mit einer Bewegung seiner linken Hand, zu ihm zu kommen und mich neben ihn zu setzen, was ich auch tat.

Wir blickten einander lange Zeit an, ohne zu sprechen. Ich sah, daß er Amerikaner war. Er schien Ende Vierzig zu sein, trug einen schwarzen, nüchternen Anzug und dazu eine Krawatte in leuchtenden Farben.

«Hör mir zu», sagte er mit tiefer, herrischer Stimme. «Morgen wirst du zum Tempel gehen und Meister Fwap besuchen. Vergiß das Snowboardfahren für den Augenblick – du hast etwas weit Wichtigeres zu tun!»

Ich antwortete nicht. Ich starrte ihn bloß an und versuchte herauszufinden, wo ich ihn schon einmal gesehen hatte.

«Du wirst dich unmöglich daran erinnern, wo du mich schon einmal gesehen hast», sagte er, als lese er meine Gedanken. «Also versuch es erst gar nicht. Dies ist das erste Mal, daß du mich triffst. Weißt du denn nicht, wer ich bin?»

Ich schüttelte den Kopf.

«Nun, ich würde meinen, es sollte offensichtlich für dich sein», sagte er mit lautem Lachen. «Ich bin du. Nicht jetzt natürlich, aber in der Zukunft. Der Grund, warum ich heute nacht in diesem Traum zu dir spreche, ist der, daß du dabei bist, den größten Fehler in deinem bisherigen ereignislosen Leben zu begehen.»

«Und der wäre?» fragte ich.

«Morgen Snowboardfahren zu gehen, statt Meister Fwap in seinem Tempel zu besuchen. Du verdankst ihm dein Leben, weißt du. Du hast ihn heute auf diesem Berg mit deinem Snowboard überfahren. Er hätte dich mit seinen geheimen Kräften leicht zu einem sehr kleinen Häufchen Asche verbrennen können, aber weil er ein mitfühlender, buddhistischer Meister ist, hat er dich verschont. Er ist ein sehr geduldiger Mann, und er ist außerdem dazu bestimmt, dein – unser – Meister zu sein und uns auf den uns vorherbestimmten Pfad zu bringen.»

«Wie machen wir uns denn so?» fragte ich.

«Oh, in der Zukunft? Nun, sie wird auf jeden Fall ganz anders werden, als du sie dir vorgestellt hast. Dies hier ist mein – unser – Tempel. Nicht schlecht, wie? Wir haben ihn selbst entworfen.

Mach dir keine Sorgen! Unsere Zukunft wird sich dir zu gegebener Zeit enthüllen, und das ist früh genug. Worauf es mir heute nacht ankommt, ist, daß du nicht den Fehler machen darfst, morgen Snowboardfahren zu gehen. Geh statt dessen zu Meister Fwap. Ach, und übrigens, er weiß sehr viel mehr über das Snowboardfahren, als du jemals wissen wirst!»

Die Halle wurde golden, verblaßte dann und löste sich auf. Ich erwachte. Es war mein zweiter Morgen in Nepal.

FÜNFTES KAPITEL

Ich besuche Meister Fwap

Ich verbrachte den größten Teil des Vormittags damit, durch einige Geschäfte Katmandus zu stromern. Meist boten sie billigen, religiösen Tand für die Touristen feil. Aber obwohl mich die Geräusche und Bilder Katmandus ablenkten, konnte ich den Traum von letzter Nacht, in dem ich meine Zukunft gesehen hatte, nicht ganz aus meinen Gedanken verbannen. Widerwillig beschloß ich, dem Rat meines zukünftigen Selbst zu folgen und Meister Fwap aufzusuchen.

Meister Fwaps Tempel war nicht allzuschwer zu finden. Er lag ungefähr eine halbe Gehstunde außerhalb des Zentrums von Katmandu. Die Wegbeschreibung, die er mir am Tag zuvor gegeben hatte, war ausgezeichnet, und bevor ich mich versah, klopfte ich schon an sein Tempeltor.

Meister Fwap begrüßte mich mit einem breiten Lächeln und führte mich in den Meditationsraum. Von dort aus gingen wir zum rückwärtigen Teil des Tempels, wo sich seine Unterkunft befand. Er schien sehr glücklich zu sein, mich wiederzusehen. Er lachte und gab komische Bemerkungen von sich, während wir zusammen durch den Tempel schritten.

Seine gute Laune war ansteckend, und bis wir die Tür zu seiner Zelle erreicht hatten, war ich ebenfalls sehr glücklich, wieder mit ihm zusammenzusein.

Er öffnete die Tür und ließ mich eintreten. Meister Fwaps Zimmer war von Kerzen erleuchtet, aber ein wenig Licht fiel auch durch einige winzige Fenster oben in der Decke.

Sein Zimmer war klein und sauber. Ein Bett stand darin, ein Schreibtisch mit einem zierlichen Stuhl und ein Meditationstisch mit einigen weißen Kerzen und einer kleinen Bronzefigur des Buddha darauf. Auf dem Boden vor dem Meditationstisch lag ein großer Yakhaarteppich, auf dem Platz zu nehmen Meister Fwap mich einlud.

Er setzte sich mir gegenüber auf den Teppich, kreuzte seine Beine zur Lotosposition und bedeckte sie dann sorgfältig mit seiner Robe. Lachend eröffnete er mir, er habe gewußt, daß ich käme, woraufhin ich beschloß, den Traum, der mich hergebracht hatte, nicht zu erwähnen. Ich erzählte ihm auch später nichts davon, und bis heute weiß ich nicht, ob er wohl wußte, daß ich ihn nur wegen dieses Traumes besuchte.

Nachdem wir einige Höflichkeiten ausgetauscht hatten, nahm Meister Fwap seine Erzählung vom Vortag wieder auf. Er setzte seine Geschichte fort, als seien wir eben erst zusammen die schneebedeckte Straße nach Katmandu hinuntergewandert.

Er habe seinen lange gesuchten Meister schließlich in den Außenbezirken eines kleinen Städtchens im westlichen Tibet gefunden, erzählte Meister Fwap. Als er an diesem schicksalhaften Tag auf dem Weg in das Städtchen war, um sich dort ein Mädchen zu suchen, habe er einen älteren buddhistischen Mönch ein paar Meter vor sich am Straßenrand stehen sehen.

Als er gerade an ihm vorbeigehen wollte, baute sich der unbekannte ältere Mönch direkt vor Meister Fwap auf und verstellte ihm den Weg.

Meister Fwap blieb sogleich stehen und wartete nach buddhistischer Sitte, daß der ältere Mönch an ihm vorüberginge. Aber der unbekannte Mönch blieb ebenfalls stehen, wo er stand, und starrte Meister Fwap wild an, blickte ihm direkt in die Augen!

Und genau in diesem Moment, während er in die Augen des unbekannten Mönchs starrte, sah Meister Fwap sowohl im wörtlichen als auch im übertragenen Sinne das Licht. Während er den unbekannten Mönch anstarrte, sah er plötzlich Tausende von Wellen goldenen Lichtes, die den Körper des Mönchs einhüllten! Als er sah, wie die Wellen des goldenen Auralichtes den betagten buddhistischen Mönch umspielten, wußte Meister Fwap intuitiv, daß der unbekannte Mönch, der ihm den Weg in das Städtchen verstellte, niemand anders war als sein Meister aus den vergangenen Leben seiner früheren Inkarnationen.

Statt also in das Städtchen zu gehen und sich eine Frau zu suchen, wie er es vorgehabt hatte, begab sich Meister Fwap mit seinem wiedergefundenen Meister aus den vergangenen Leben in eine nahe gelegene Höhle, wo sie meditieren und an alte Zeiten anknüpfen wollten.

Meister Fwaps Meister, dessen Name Fwaz Shastra-Dup war, enthüllte ihm an jenem Tag die geheimen mystischen Lehren und Techniken der Rae Chorze-Fwaz – ein Wissen, das er, Meister Fwap, nun seinerseits mir enthüllen würde.

Meister Fwap erzählte mir, daß er mich wegen meines Karma aus früheren Lebenszeiten in die innersten Geheimnisse der tantrischen Lehre des buddhistischen Ordens Rae Chorze-Fwaz einweihen würde, genau wie er selbst in die gleichen Geheimnisse und Techniken durch seinen eigenen Meister, Fwaz Shastra-Dup, eingeweiht worden war, in einer Höhle im Himalaya, an jenem schicksalhaften Tag ihrer Wiedervereinigung nach vielen Leben! Alles Karma, sagte er.

SECHSTES KAPITEL

Meister Fwap erklärt das Karma

Ich war zu diesem Zeitpunkt irgendwie benommen und verwirrt von Meister Fwaps plötzlicher Enthüllung, er wolle mich wegen meines Karma aus vergangenen Leben in die geheimen Lehren des tantrischen Buddhismus der Rae Chorze-Fwaz einweihen. Daher versuchte ich, Meister Fwap hinzuhalten und mir erst einmal selbst darüber klarzuwerden, ob ich nun mit seiner Offenbarung des tantrischen Buddhismus etwas zu tun haben wollte oder nicht.

Um mir etwas Zeit zu verschaffen, fragte ich Meister Fwap, ob er mir erklären könne, was Karma sei; ich hätte das Wort in Kalifornien zwar schon hundertmal in einer gewissen Szene gehört, könne mir aber eigentlich gar nicht genau vorstellen, was es für einen Meister des tantrischen Buddhismus bedeute.

Bis zu meinem Gespräch mit Meister Fwap an jenem Tag war ich davon ausgegangen, mit «Karma» sei das eigene Schicksal gemeint, das man sich durch seine früheren Taten in einem anderen Leben verdient hat. Ich fragte Meister Fwap, ob er nicht die Bedeutung des Wortes genauer herausarbeiten könne, denn ich sei mir sicher, daß mein Verständnis von Karma wahrscheinlich sowohl oberflächlich als auch ungenau sei.

Meister Fwap lächelte mir einen Augenblick lang zu und sagte gar nichts. Wahrscheinlich wollte er seine Gedanken ordnen, bevor er sprach. Dann ließ er mich mit tiefer, theatralischer Stimme wissen, daß ich die Antwort auf meine Frage bereits kenne. Ich bräuchte nicht mehr tun, als mich ihrer wieder zu entsinnen!

Ich hätte in meinen vergangenen Leben alles über das Karma und viele andere mystische Dinge gewußt. Das ganze Wissen aus meinen früheren Inkarnationen sei in dem enthalten, was er als mein «anderes Gedächtnis» bezeichnete.

Mein anderes Gedächtnis würde, wenn ich nur einfach all meine Gedanken für ein paar Minuten abstellen und meinen Geist von ablenkenden Einflüssen freimachen könne, seine Arbeit wieder aufnehmen. Dann wäre ich in der Lage, mir meine Frage zum Karma selbst zu beantworten.

Ich erwiderte schnell, ich könnte mir nicht vorstellen, meine Gedanken auch nur für ein paar Sekunden – geschweige denn für ein paar Minuten – abzustellen, und würde mich sehr freuen, wenn er vorläufig für mein «anderes Gedächtnis» einspringen würde. Lachend gab er nach, meinte aber, letzten Endes müsse ich ja doch lernen, die Dinge selbst aus meinem «anderen Gedächtnis» wieder ans Licht zu bringen.

Meister Fwap erklärt mir das Karma

«Karma ist die Art und Weise, wie die Buddhisten das Universum erklären», begann Meister Fwap. «Nach buddhistischem Verständnis entwickeln sich das Heute und alle anderen Tage so, wie sie es eben tun, aufgrund des Karma.

Die Vergangenheit führt zum gegenwärtigen Augenblick und der gegenwärtige Augenblick führt zur Zukunft. Die Verbindung eines Augenblicks mit einem anderen Augenblick und einer Tat mit einer anderen Tat, das ist Karma.

Karma ist, was dir heute widerfährt», fuhr Meister Fwap fort.

«Es ist nichts anderes als das Gesetz von Ursache und Wirkung. Was dir heute begegnet, erwächst aus dem, was gestern geschehen ist. Alle Augenblicke und Ereignisse sind verursacht durch andere Augenblicke und Ereignisse, die ihnen vorausgehen in einer unendlichen kausalen Kette karmischer Verknüpfungen, die endlos durch die Zeiten zurückreicht.»

«Aber, Meister Fwap!» rief ich. «Das Karma muß doch irgendwo einen Anfang haben! Gibt es denn keinen ersten Augenblick irgendwo in der karmischen Zeit?»

«Nein», lächelte er. «Das Karma hat immer existiert – so wie du und ich und alle anderen Dinge in diesem wunderbaren Universum.»

«Meister Fwap, das ist ein ungeheurer Gedanke. Habe ich richtig verstanden, was Ihr sagt: Ich bin heute so, wie ich bin, und die Welt ist heute so, wie sie ist, aufgrund des Karmas von gestern; und das Gestern war so, wie es war, aufgrund des Karmas von vorgestern; und das Vorgestern war so, wie es war, aufgrund des ihm vorausgegangenen Tages; und jeder Tag, den es jemals gegeben hat, war, wie er war, aufgrund einer endlosen Unendlichkeit vorausgegangener Karmas. Ist das mehr oder weniger zutreffend, Meister Fwap?»

«Genau!» sagte er und nickte zustimmend mit seinem sauber geschorenen, kahlen Kopf.

«Bedeutet das also, daß alles vom Schicksal vorherbestimmt ist, Meister Fwap? Wenn das, was sich in diesem Augenblick ereignet, den nächsten Augenblick bestimmt und so weiter für alle Ewigkeit, gäbe es doch in Wirklichkeit gar keinen freien Willen, oder?»

«Eine komplizierte Frage für jemanden, der noch so jung ist wie du», erwiderte er. «Ich will mein Bestes tun, sie dir zu beantworten. Siehst du, Karma ist Schicksal. Das ist richtig! Wenn du einen Stein in die Luft wirfst, wird er wieder herunterfallen und irgendwo aufschlagen. Du könntest sagen, daß die Stelle, an der der Stein aufschlägt, sein Karma ist. Aber andererseits war es zunächst einmal deine freie Wahl, den Stein in die Luft zu werfen, oder nicht?

Alles, was in dieser oder jeder anderen Welt oder Dimension existiert, existiert aufgrund des Zustandes der

Dinge in einem vorausgegangenen Augenblick. Das nenne ich das Karma des Augenblicks.

Aber durch den freien Willen können wir in gewissem Maß die Kette des Karmas, die vom Karma des vorausgegangenen Augenblicks in Gang gesetzt worden ist, beeinflussen. Darin besteht der freie Wille tatsächlich. Er ist die Fähigkeit, die Folge karmischer Verkettung zu verändern, die sich gerade anschickt, unsere Zukunft zu werden!»

«Dann glaubt Ihr also, Meister Fwap», entgegnete ich, «daß wir aufgrund dessen, wie wir vor einem Augenblick waren, jetzt so sind, wie wir sind. Jener Augenblick führt zu diesem Augenblick, so wie dieser Augenblick zum nächsten führt. Soweit begreife ich alles.

Wenn dem aber so ist, Meister Fwap, wie kann es dann einen freien Willen geben? Ist nicht die Entscheidung, sein zukünftiges Karma zu ändern, indem man von seinem freien Willen Gebrauch macht, ebenfalls von dem vorherbestimmt, was man im vorausgegangenen Augenblick gedacht und gefühlt hat und was gerade geschehen ist?»

Meister Fwap schüttelte den Kopf und lachte. «All das ist vielleicht etwas komplizierter, als es zuerst den Anschein hat», antwortete er. «Ich will versuchen, dir das Zusammenwirken von Karma und freiem Willen auf andere Weise zu erklären. Laß uns, um zu verstehen, wie das Karma wirkt, überlegen, wer wir sind und wie wir geworden sind, was wir sind.

Du mußt verstehen, mein junger Freund», fuhr Meister Fwap fort, «daß Karma nicht nur bedeutet, daß das, was dir im gegenwärtigen Augenblick widerfährt, sich direkt aus dem ergibt, was dir im vorangegangenen Augenblick widerfahren ist. Es bedeutet auch, daß der, der du eben noch warst, dich zu dem gemacht hat, der du jetzt bist.

Die Buddhisten glauben, daß der, der du in all deinen vergangenen Leben gewesen bist, dich zu dem macht, der du heute bist. Der tantrische Buddhismus geht davon aus, daß du heute das Produkt sowohl all der Augenblicke, die du bisher in deinem jetzigen Leben gelebt hast, als auch der Augenblicke, Erkenntnisse und Erfahrungen all deiner früheren Leben bist.

Die Person, die du heute bist, die Gefühle, die du hast, die Gedanken, die du denkst, und die Art und Weise, wie du dich selbst siehst, das alles ist ein Teil deines Karmas der vergangenen Leben und des jetzigen Lebens.»

Meine Verwirrung muß sich in meiner Miene widergespiegelt haben, denn er hielt inne und lachte. «Wir können mich selbst als Beispiel nehmen», fuhr er fort. «Ich war schon immer am Buddhismus, an der Astrologie, an spiritueller Erkenntnis und an der Erleuchtung interessiert. Damit wurde ich geboren. Meine Brüder und Schwestern, die in der gleichen Familie groß wurden wie ich und die in der gleichen Umgebung und Atmosphäre aufwuchsen wie ich, interessieren sich kaum oder gar nicht für diese inneren Angelegenheiten. Sie sind allesamt überwiegend mit Dingen der körperlichen Welt beschäftigt, die mit ihrem materiellen Erfolg zu tun haben, etwa mit dem Erwerb ihres Lebensunterhaltes und der Gründung einer Familie.

Meine Geschwister und ich hatten die gleichen Eltern. Wir wurden alle in gleicher Weise erzogen. Aber dennoch sind wir sehr verschieden. Das ist unser Karma – das, als was wir geboren wurden und was aus uns werden sollte.

Das, was wir sind, ist mit dem Tode nicht zu Ende», sagte Meister Fwap mit warmer, eindringlicher Stimme. «Der Tod ist nur eine kurze Unterbrechung im endlosen Kreislauf unseres Lebens. Jeder von uns ist ein unsterblicher Geist. In jeder seiner Inkarnationen wächst unser Geist und entwickelt seine Eigenschaften, vergewissert sich dann dieser Eigenschaften und nimmt ihre Essenz mit in die zukünftigen Leben hinüber. Im buddhistischen Yoga bezeichnen wir die karmischen Eigenschaften unserer vielen Leben als ‹Samskaras›. Sie sind die inneren karmischen Muster, denen wir verdanken, wer und was wir sind.

Wenn wir in eine neue Lebensspanne hineingeboren werden», fuhr er fort, «bleiben unserem Geist die Samskaras, die sich in vorangegangenen Inkarnationen entwickelt haben, erhalten. Zuerst sind sie gewöhnlich unter dem vorübergehenden Gedächtnisverlust der Kleinkindzeit und den Übergangsformen der Persönlichkeit, die man während der Kindheit und der Jugend durchläuft, verborgen. Aber in jeder Inkarnation ziehen uns die Samskaras – die karmischen Muster vieler Leben – über kurz oder lang zu unseren früheren Interessen und Zielen zurück. Das führt dazu, daß jeder von uns die gleiche Art Mensch wird, die er in seinem vergangenen Leben war.

Wir werden in diese Lebensspanne geboren als die Person, die wir im Augenblick unseres Todes in unserer letzten Lebensspanne waren. Unsere Persönlichkeit als Erwachsener ist ein Spiegelbild dessen, was wir im letzten Stadium unseres Lebens in unserer letzten Inkarnation waren.»

Wie ich an Meister Fwaps Lächeln sah, wußte er genau, daß ich keine Ahnung hatte, wovon er sprach. Nach kurzem Schweigen unternahm Meister Fwap einen weiteren Versuch, mir zum Thema Karma Erleuchtung zu verschaffen.

«Versuch es einmal so zu sehen», begann Meister Fwap aufs neue. «Die Kinder gehen im Winter zur Schule. Im Sommer bleiben sie daheim. Wenn danach im Herbst die Schule wieder beginnt, setzen sie ihre Ausbildung in einer höheren Klasse fort – aufgrund der bisherigen Schulausbildung und des Abschlusses, den sie im letzten Schuljahr erreicht haben.

Wenn ein Kind auch im Laufe des vorangegangenen Schuljahrs oder während des Sommers neue Vorstellungen oder Interessen entwickelt haben mag, vielleicht sogar seine Meinung über verschiedene Dinge geändert hat, so bleibt sich doch das Wesen der Persönlichkeit des

Kindes gleich. Obwohl das Kind nun in eine neue und höhere Klasse geht, vielleicht neue Dinge dazugelernt hat und vielleicht auch neue und ganz andere Erfahrungen gesammelt hat als früher, ist es doch immer noch das gleiche Kind.

Auf genau die gleiche Weise erhält sich das, was du in deinen früheren Inkarnationen gelernt hast, in deinem ‹Kausalleib› – deinem Energiekörper vieler Lebensspannen, der von einer Inkarnation zur nächsten bestehen bleibt.

Dein wahres Selbst ist der Kausalleib! Am Ende jeder Inkarnation hat er das Wissen und die karmischen Muster dieser besonderen Lebensspanne in sich aufgenommen – zusätzlich zum Wissen und zu den karmischen Mustern all deiner vorangegangenen Lebensspannen – und nimmt sie mit in deine nächste Inkarnation.

Der Tod ist nur eine Art schulfreier Sommer für uns!» rief Meister Fwap aus. «Wenn wir sterben, tritt in Wirklichkeit keine Änderung und kein Verlust dessen ein, was wir gelernt haben, oder dessen, der wir sind, weil wir unser Karma *sind*.

Die Entscheidungen, die wir treffen, und die Gedanken, die wir uns zu denken gestatten, die Gefühle, die wir durch unseren Körper und unseren Geist strömen lassen, und die Interessen, die wir verfolgen, das sind die Dinge, die den Geist formen und bestimmen. Das ist das eigentliche Karma.»

Meister Fwap hielt kurz inne, um mich prüfend zu

mustern. Er zog seine Augenbrauen ein wenig hoch und sah mir dann direkt in die Augen. Er muß zumindest zum Teil mit dem, was er dort sah, zufrieden gewesen sein, denn er lächelte, verbeugte sich und sagte dann scherzhaft: «Buddhas Name sei gepriesen!» Dann, nach einigen Minuten des Schweigens, nahm er seine Erörterungen zum Karma wieder auf.

«Ich zum Beispiel war in meinen letzten Dutzenden von Lebensspannen ein Lehrmeister buddhistischer Erleuchtung. Ich war erleuchtet, und ich half anderen, die sich für ihre Selbstentdeckung interessierten, auf dem Weg zur Erleuchtung voranzukommen. So war es in jeder meiner erleuchteten Lebensspannen.

Der Grund, warum ich in meinen letzten paar Dutzend Inkarnationen erleuchtet war, lag darin, daß ich mich viele, viele Tausende von Inkarnationen zuvor aus eigenem, freiem Willen für die Selbsterforschung und das Studium der Erleuchtung zu interessieren begann. Ich studierte die Meditation und lernte von großen buddhistischen Meistern, die sich mit diesen Dingen auskannten, alles über die inneren Welten und die höheren Dimensionen.

Eine Lebensspanne führte zur nächsten. In jeder Lebensspanne kamen mit der Zeit die Neigungen und Erinnerungen aus meinen vergangenen Leben wieder an die Oberfläche. Wenn dies geschah, wurde ich aufs neue unwiderstehlich vom Studium der Meditation und der Erleuchtung angezogen. In einer bestimmten Inkarnation wurde ich ein Erleuchteter, und ich habe meine Erleuchtung seither in all meinen folgenden Inkarnationen wiedererlangt und verfeinert!

Als ich allerdings in meiner jetzigen Lebensspanne an dem schicksalhaften Tag meines neunundzwanzigsten Geburtstages gerade meinen Meister aus einem vergangenen Leben, Fwaz Shastra-Dup, außerhalb jenes kleinen Städtchens in Tibet kennenlernte, hatte ich keine Ahnung, daß ich jemals in einer meiner vorherigen Inkarnationen die Erleuchtung erfahren hatte.

Natürlich sah und verstand Meister Fwaz Shastra-Dup, ein vollkommen erleuchteter buddhistischer Meister, mein Karma der vergangenen Leben besser, als ich selbst das damals vermocht hätte. Er führte mich noch am gleichen Tag in einer Höhle in das Wesen des Karma ein, so wie ich es mit dir heute in diesem Tempel tue.

Meister Fwaz Shastra-Dup erklärte mir, daß ich in meinen vergangenen Leben bereits erleuchtet war», fuhr Meister Fwap fort. «Dann lehrte er mich, die geheimen und machtvollen Meditationstechniken der Rae Chorze-Fwaz zu nutzen. Nachdem ich diese Techniken viele Jahre lang Tag für Tag geübt hatte, wobei ich von meinem Meister spirituell geführt und durch seine Aurakräfte geleitet wurde, gelang es mir, die Erleuchtung meiner vergangenen Leben wiederzuerlangen. Später machte mich Meister Fwaz zu seinem Nachfolger, denn auch das war mein Karma.

All dies widerfuhr mir aufgrund der Dinge, die ich in

früheren Inkarnationen gelernt, und aufgrund von Entscheidungen, die ich in früheren Inkarnationen getroffen hatte. Was ich in meinem früheren Leben und in dieser Lebensspanne gelernt und getan habe, das ist es, wozu ich geworden bin. Das ist das ganze Geheimnis der wahren Bedeutung von Karma!»

«Aber, Meister Fwap, ich verstehe immer noch nicht den Unterschied zwischen karmischem Schicksal und freiem Willen. War es nicht aufgrund der Tatsache, daß Ihr bereits in Euren früheren Lebensspannen erleuchtet wart, Euer Karma, Euren Meister aus vergangenen Leben zu treffen und Eure Erleuchtung wiederzuerlangen?»

«Ja, das ist wahr», erwiderte er. «Aber es war ein Akt meines freien Willens, daß ich überhaupt erst anfing, Meditation zu studieren. Das und andere Entscheidungen, die ich traf, um dem Pfad der Erleuchtung zu folgen und ihn nicht zu verlassen, führten zu meiner ersten erleuchteten Inkarnation und genauso zu all meinen folgenden erleuchteten Inkarnationen. Du siehst also», fuhr er fort, «daß der freie Wille außerhalb der Kausalkette existiert und wirkt. Er ist nicht mit dem Karma verknüpft.

Der freie Wille ist wie ein Brunnen, den du besitzt. Du kannst dich dafür entscheiden, Wasser aus dem Brunnen zu schöpfen oder nicht. Das liegt ganz bei dir. Der Brunnen existiert, ob du dich nun entscheidest, ihn zu benutzen oder nicht.

Wir alle besitzen einen freien Willen», stellte Meister Fwap sachlich fest. «Die meisten Menschen entscheiden sich dafür, ihn nicht zu benutzen, und folglich ändern sie auch kaum ihre karmischen Muster.

Für die meisten Individuen ist jede neue Lebensspanne ein Spiegelbild ihrer vorangegangenen Inkarnation», erklärte Meister Fwap. «Aber wenn du dich dafür entscheidest, aus dem inneren Brunnen des freien Willens zu schöpfen, dann stehen dir Wahlmöglichkeiten offen, die außerhalb deines gegenwärtigen karmischen Musters liegen.

Du kannst die Struktur deiner Samskaras ändern und die Struktur deiner gegenwärtigen und zukünftigen Inkarnationen», sagte Meister Fwap mit Nachdruck. «Wenn du dich heute entscheidest, deinen freien Willen zu benutzen, dann kannst du zu etwas werden, das sich völlig von der Person unterscheidet, die du bisher in diesem Leben warst, oder von der Person, die du in jeder anderen Lebensspanne, die du jemals durchlebt hast, gewesen bist!

Fortgeschrittenes buddhistisches Yoga ist die Kunst, dein karmisches Muster zu verändern», fuhr Meister Fwap fort. «Durch die Praxis der Meditation und mittels der durch Aura übertragenen Kraft sowie durch die Anleitung eines erleuchteten Meisters kannst du dein karmisches Geschick völlig verändern.

Wenn du buddhistisches Yoga praktizierst, kannst du in deiner jetzigen Inkarnation Glück, Ekstase und Freiheit erfahren. Selbst wenn du bisher weder in deinen vergangenen Leben noch in deinem jetzigen Leben jemals Glück, Ekstase und Freiheit gekannt hast. Glaub mir, so ist es! Wenn die Samskaras unausweichlich wären, dann würde niemand jemals die Erleuchtung erlangen!

Denk daran», sagte Meister Fwap und hob seine Hände vor die Brust, um zu unterstreichen, was er sagte, «daß das Karma innerhalb der Kausalkette besteht. Es ist dreidimensional. Der freie Wille existiert außerhalb der Kausalkette. Er ist nicht durch Karma gebunden.

Indem du deinen freien Willen ausübst, glücklichere Gedanken denkst, glücklichere Entscheidungen triffst und den buddhistischen Weg kennen und lieben lernst, kannst du dein Karma für immer vollständig verändern. Du kannst deinen Geist neu formen und ein neues und ekstatischeres Wesen werden.»

Ich fragte Meister Fwap, warum wir nicht alle mit dem Wissen um unsere vergangenen Leben geboren werden. Wenn wir alle bereits gelebt hatten, sollten wir uns doch vom Moment unserer Geburt an einfach unserer vergangenen Leben entsinnen, in der gleichen Weise, wie wir heute etwas im Gedächtnis haben, das wir gestern erlebt haben.

Er erwiderte, daß die meisten menschlichen Wesen, die sich in ihren vorangegangenen Leben geistig entwikkelt hätten, eine Phase durchliefen, die er die «Unwissenheit» nannte und während derer sie ein vorübergehendes

Stadium «geistigen Gedächtnisverlustes» durchmachten. Die «Unwissenheit» halte gewöhnlich von der Geburt bis zum frühen Erwachsenenalter an.

Während dieser Phase, so erläuterte er, würde sich selbst eine geistig sehr entwickelte Person oft wie ein Durchschnittskind oder ein Durchschnittsjugendlicher verhalten.

«Aber eines Tages», sagte Meister Fwap, «beginnt sich jeder, der in früheren Leben fortgeschrittene Stufen des Geistes erreicht hat, zu erinnern ... dann drängen spirituelles Wissen und spirituelle Fähigkeiten aus den früheren Leben wieder an die Oberfläche des gegenwärtigen Selbst dieser Person.

Während die Erinnerungen und Erkenntnisse vergangener Leben in das gegenwärtige Leben eines Menschen einströmen», fuhr er fort, «macht dieser Mensch grundlegende Veränderungen durch und entwickelt sich zu einer völlig andersartigen Persönlichkeit. Im Laufe dieser Verwandlungen verlieren die Menschen gewöhnlich das Interesse an oberflächlichen Dingen wie Besitz und verwandtschaftliche Bindungen und entwickeln statt dessen eine Neigung zum Studium der alten, ewigen metaphysischen Wahrheiten. Wenn sie sich tiefer auf diese Dinge einlassen, werden sie ruhig und glücklich, finden ihre innere Mitte und konzentrieren sich mehr auf das Transzendentale als auf das Vergängliche.

Wenn eine Person mit hochentwickelten früheren Leben viel aus diesen früheren Leben mitgebracht hat und

Zugang zu den Erinnerungen ihrer früheren Lebensspannen erhält, dann kommt sie zu Erkenntnissen über das Leben, den Tod und die anderen Dimensionen, die den meisten Menschen in unserer Welt verschlossen bleiben. Und sehr oft erlangt diese Person im Laufe ihrer Verwandlung auch schnell ihre spirituellen Kräfte der vergangenen Leben zurück und nutzt sie, um damit Dinge zu tun, die jeder Beschreibung spotten.»

SIEBTES KAPITEL

Ich stelle eine Frage

Ich fragte Meister Fwap, wie er sich all dessen so sicher sein könne. Woher er wisse, daß es sich nicht einfach um Phantastereien handele?

Seine Antwort lautete, er könne «sehen», daß alles, was er mir erklärt habe, der Wahrheit entspreche, weil sein drittes Auge geöffnet sei. Eines Tages, nach vielen Jahren der Meditation, werde mein drittes Auge sich ebenfalls öffnen, und dann würde auch ich in der Lage sein, alles im Universum zu «sehen», was ich sehen wolle, genau wie er.

ACHTES KAPITEL

Das Geheimnis der Rae Chorze-Fwaz

An jenem Nachmittag – ich saß immer noch auf dem Yakhaarteppich in seiner kleinen, aber gemütlichen Klause – erklärte mir Meister Fwap das «Geheimnis» der Rae Chorze-Fwaz. Es war nicht eigentlich ein «Geheimnis» in dem Sinne, daß etwas absichtlich geheimgehalten wurde, sondern einfach etwas schwer Durchschaubares, dessen Wirkungsweise nicht unmittelbar verständlich ist, so wie man zum Beispiel auch nicht unmittelbar weiß, wieso ein Düsenflugzeug fliegt.

Das «Geheimnis» der Rae Chorze-Fwaz, so erfuhr ich von Meister Fwap, beträfe deren besondere Meditationstechniken, mit deren Hilfe sich die Erleuchtung rasch erlangen ließe. Die Rae Chorze-Fwaz hätten ihre geheimen Meditationstechniken seit den Zeiten von Atlantis bis auf den heutigen Tag bewahrt und in mündlicher Tradition weitergegeben.

Und an diesem Punkt, wo es um die reale Geschichte der Rae Chorze-Fwaz, um die von Meister Fwap, Meister Fwaps Meister, mir selbst und Ihnen, den Lesern meiner Abenteuer als junger Mann im Himalaya, geht, wird die Sache, kosmisch gesehen, etwas kompliziert.

Laut Meister Fwap war die Rae Chorze-Fwaz eine Mysterienschule, wo die Geheimnisse des Universums gelehrt wurden.

Meister Fwap erklärte mir geduldig, eine Mysterienschule sei ein Geheimorden von Menschen, die sich mit Meditation beschäftigten, mit der Erleuchtung und den spirituellen und okkulten Künsten.

Meister Fwap erzählte mir weiter, daß die Rae Chorze-Fwaz schon seit Jahrtausenden existiere. Die Mitglieder des Ordens könnten ihre Ursprünge über Tibet, Japan, China und Indien bis ins alte Ägypten und zu dem Ort, wo der Orden gegründet worden war – dem untergegangenen Kontinent Atlantis –, zurückverfolgen.

Lange vor Beginn dessen, was die Wissenschaftler und Gelehrten unserer Tage für den Anfang der menschlichen Zivilisation halten, habe ein vergessenes Zeitalter existiert: das Zeitalter von Atlantis.

In Atlantis war nach Meister Fwap eine hochentwikkelte Zivilisation heimisch gewesen, die wissenschaftlich und künstlerisch viel weiter war, als man heute vermuten würde.

Fast alle Bewohner von Atlantis hätten nicht nur großes Wissen in der Gentechnologie, der Informatik und der interdimensionalen Physik besessen, sondern sich auch kunstfertig der elektronischen Musik und der Kristallkunst gewidmet, meditiert und über mächtige spirituelle Fertigkeiten verfügt.

Eine Gruppe hochgebildeter Männer und Frauen von

Atlantis – die Hohenpriester und Hohenpriesterinnen – hätten durch ihre Meditationspraktiken viele der tiefsten Geheimnisse des Universums erkundet. Durch Meditation und astrale Reisen seien sie zu einem umfassenden Verständnis der Reinkarnation, des Karma und der innersten Funktionsweise der Welt der Erleuchtung gelangt.

Die Stimme zu einem Flüstern gesenkt, erzählte mir Meister Fwap, wie die Hohenpriester und Hohenpriesterinnen von Atlantis in ihren Meditationen vorhergesehen hatten, daß die atlantische Zivilisation in einer Katastrophe enden würde. Angesichts der bald bevorstehenden Zerstörung von Atlantis wollte die Priesterschaft das mystische Wissen, das sie ihren Meditationspraktiken verdankte, bewahren und schützen und an diejenigen Zivilisationen weitergeben, die nach dem Untergang von Atlantis entstehen würden.

Weil die Hohenpriester und Hohenpriesterinnen von Atlantis mit ihrem dritten Auge «sehen» konnten, erklärte Meister Fwap, wußten sie genau, wann und wie ihr Kontinent zerstört werden würde.

Am Abend, bevor Atlantis für immer in den Wellen versank, setzten die Mitglieder der Mysterienschule die Segel und verließen in zwölf Schiffen den dem Untergang geweihten Kontinent. Ihr Ziel waren zwölf verschiedene Punkte auf dem Globus. Sie hatten vor, an diesen Orten zwölf neue Zivilisationen zu gründen, die ähnlich wie die von Atlantis sein sollten.

«Unglücklicherweise», sagte Meister Fwap wehmütig, «ging die Hälfte der Boote in einem großen Sturm auf See verloren, und viele von denen, die auf den anderen sechs Booten ihre Ziele erreichten, wurden später von eben der einheimischen Bevölkerung umgebracht, der sie ihr Wissen hatten bringen wollen.

Die einzige von Atlantis kommende Gesandtschaft, der es wirklich gelang, ihr Wissen an einen anderen Ort zu verpflanzen», fügte Meister Fwap hinzu, «war jene Gruppe, die dort landete, wo heute Ägypten liegt.

Nachdem sie sich in Ägypten etabliert hatten», fuhr er fort, «fanden sie Menschen, die sie lehren und an die sie nach und nach ihre geheimen Praktiken und Kenntnisse weitergeben konnten.»

An dieser Stelle unterbrach ich Meister Fwaps Chronik seines mystischen Ordens. Ich wollte wissen, warum dies alles überhaupt notwendig gewesen sei. Selbst wenn alle Mitglieder der Rae Chorze-Fwaz in Atlantis beim Untergang ihres Kontinents gestorben wären, hätten sie doch alle bald wiedergeboren werden müssen und würden sich dann ohnehin an alles wieder erinnert haben. Meister Fwap gab mir zur Antwort, daß es mit der Erinnerung an vergangene Leben unglücklicherweise nicht ganz so einfach stehe. Damit ich wirklich verstünde, warum dies so sei, sei wohl eine kurze Lehrstunde über die Energiekreisläufe der Erde und die Gestaltwerdung der Aura nötig.

NEUNTES KAPITEL

Meister Fwaps kurzer Lehrgang über Welten und Wirklichkeiten und die Funktionsweise der Aura

Jeder ist spirituell veranlagt», erklärte mir Meister Fwap mit einem breiten Lächeln. «Wenn der Geist klar und konzentriert ist und sich nicht allzu viele Menschen in unmittelbarer Nähe aufhalten, dann ist jeder in der Lage, allerlei wunderbare Dinge wahrzunehmen! Man kann das Leuchten der Ewigkeit spüren und die Ekstase der Schöpfung. Du kannst in allen Dingen das Licht der Erleuchtung sehen.

Wenn dein Geist klar und dein drittes Auge geöffnet ist, dann kannst du Dinge sehen und von Dingen erfahren, die sich tausend Meilen weit entfernt von dir ereignen. Du besitzt die Fähigkeit zu wissen, was andere Menschen von dir denken oder was auf dich zukommt – und zu entscheiden, ob du es erleben möchtest oder nicht.

Im Zeitalter von Atlantis entdeckten und entwickelten die Mitglieder der Mysterienschule besondere Konzentrationsübungen, die ihre angeborenen spirituellen Fähigkeiten radikal vermehrten und schärften, wie sich herausstellte. Diese Techniken erlaubten ihnen, richtig angewandt, ihre mentalen Prozesse über längere Zeiträume zu kontrollieren oder ganz zu unterbinden.»

Dann erklärte mir Meister Fwap, ein Individuum könne unzählige nichtkörperliche Welten und Dimensionen wahrnehmen und direkt erfahren, wenn es sein Denken unterdrücke – eine Praxis, die er und andere buddhistische Meister unserer Tage als Meditation bezeichneten.

«Die Mitglieder der atlantischen Geheimschule waren die ersten menschlichen Erforscher der Grenzbereiche des inneren Raumes!» rief Meister Fwap triumphierend aus. «Durch ihre Meditationsreisen und Entdeckungsfahrten ins Innere fanden sie viele geheime astrale Korridore, die zu einer unendlichen Vielzahl anderer Welten und Dimensionen führten.»

«Sind diese Welten und Dimensionen so materiell und wirklich wie unsere Welt, Meister Fwap?» fragte ich.

«Aber sicher, natürlich sind sie das», erwiderte er. «Einige dieser Dimensionen sind sogar viel ‹wirklicher› als dieses Universum.»

Ich unterbrach ihn erneut: «Aber wie ist das möglich, Meister Fwap? Nichts kann doch realer sein als die körperliche Welt. Das ist doch die eigentliche Bedeutung des Wortes ‹real›, oder?»

«Die Realität ist möglicherweise ein komplizierteres Konzept, als du dir vorstellen kannst», antwortete er rasch. «In unseren fernöstlichen Sprachen haben wir viele verschiedene Worte, um die unterschiedlichen Abstufungen von Realität zu bezeichnen, die ein Ding, ein Geisteszustand oder eine Seinsebene aufweisen mögen.»

«Aber ich verstehe immer noch nicht, Meister Fwap, wie ein Objekt oder eine Welt realer sein kann als eine andere», protestierte ich.

«Du hast Schwierigkeiten, dieses Konzept zu begreifen, weil du auf englisch denkst», sagte Meister Fwap. «Die Sprache, in der man denkt, kann die Fähigkeit, dergleichen zu verstehen, einschränken.»

«Was meint Ihr damit, Meister Fwap? Wenn Ihr jetzt auch noch die Semantik ins Spiel bringt, macht Ihr die Sache wirklich zu kompliziert.» Ich war langsam frustriert, weil ich das alles nicht begriff, und aus irgendeinem unbekannten Grund hatte ich das Gefühl, daß Meister Fwap seine Erklärung absichtlich komplizierter und abstruser gestaltete als unbedingt nötig.

«Nehmen wir das Wort ‹Liebe› zum Beispiel», entgegnete Meister Fwap ruhig. «Nun, wie du weißt, ist Liebe ein Gefühl. In deiner Sprache hast du bloß ein einziges Wort für das, was vielleicht eines der komplexesten Gefühle ist, die es in alle Ewigkeit geben wird.

Denn es gibt tausenderlei Arten von Liebe, nicht wahr?» fuhr er fort. «Es gibt die romantische Liebe, die Liebe in der Familie, die Freundschaft, die Verliebtheit, die Elternliebe, die Liebe zu Gott und zum Geist, eifersüchtige, besitzergreifende Liebe, selbstlose Liebe, unschuldige Liebe, Liebe, die viele Leben lang währt, und so weiter. Es ist eine Tatsache, daß keine zwei Menschen die Liebe jemals auf genau die gleiche Weise erfahren.

Aber im Englischen gibt es nur ein Wort für etwas derartig Kompliziertes. In anderen Sprachen dagegen gibt es mitunter Dutzende oder sogar Hunderte von verschiedenen Worten für all die Abstufungen und Arten von Liebe, die menschliche Wesen erfahren können.»

«Aber was hat das mit den verschiedenen Graden der Realität zu tun?» beschwerte ich mich.

«Alles und nichts», antwortete Meister Fwap spontan. «Laß dich nicht so leicht ins Bockshorn jagen. Schenk mir noch ein paar Augenblicke deiner Zeit, dann wirst du schon verstehen, was ich meine.

Weißt du, mein junger Freund, die Sprache ist das Medium unserer Gedanken. Gedanken können unser Verständnis einer Sache voranbringen, sie können sie aber ebenso leicht einschränken oder blockieren. Das hängt in hohem Maße von der Sprache ab, in der wir denken.

Wenn unsere Sprache nicht die richtigen Worte hat für das, was wir verstehen oder ausdrücken wollen, dann werden wir nicht weiterkommen, als wenn wir versuchten, einen eckigen Keil in ein rundes Loch zu treiben.

Wenn du also nur ein einziges Wort für alle Schattierungen der Liebe hast, dann fängst du vielleicht an, Liebe zu ‹denken›, statt sie zu empfinden, und bist vielleicht fest davon überzeugt, daß du, wenn du nur das Wort ‹Liebe› denkst, bereits alle ihre möglichen Erscheinungsformen kennst und erfahren hast.»

«Mal sehen, ob ich Euch richtig verstanden habe, Meister Fwap. Wenn ich das Wort ‹Liebe› denke, dann habe ich also Eurer Meinung nach einen Begriff von Liebe, der auf meinen vergangenen Erfahrungen mit Liebe und auf den Assoziationen, die ich damit verbinde, beruht. Und dieser Begriff macht es mir dann unmöglich, andere Arten von Liebe zu erfahren, es sei denn, ich hätte zusätzliche Worte zur Verfügung, mit denen ich die verschiedenen Abstufungen der Liebe bezeichnen könnte. Ist es das, was Ihr meint?»

«Genau!» antwortete er mit einem breiten Lächeln.

«Aber wenn dem so ist, Meister Fwap», fuhr ich fort und ahmte dabei seine Argumentationsweise nach, «warum sollte dann das Denken des Wortes ‹Liebe› in irgendeiner Weise neuartige Gefühle der Liebe einschränken, die sich spontan in mir entwickeln können? Würden nicht die neuen Arten der Liebe, die ich für Menschen, Orte und Dinge empfinde und erfahre, die Bedeutung des Wortes ‹Liebe› für mich ändern und erweitern?»

An diesem Punkt wurde mir ein wenig schwindelig. Alles, was mich vor ein paar Augenblicken noch so verwirrt hatte, erschien plötzlich so komisch. Mir schien, als beteiligten sich Meister Fwap und ich an einer grotesken Scheindebatte absurden Ausmaßes.

«Meister Fwap, verhindert das Denken eines Wortes die Erfahrung dessen, was es beschreibt?» fragte ich.

«Ja und nein», erwiderte er.

«Inwiefern ja und inwiefern nein?»

«Weißt du etwas über den Zen-Buddhismus?» fragte Meister Fwap mit einem, wie mir schien, gequälten Lächeln.

«Nein, nicht wirklich. Erzählt mir davon.»

«Der Zen-Buddhismus ist eine Methode, den Geist durch seine eigene Leere zu erkennen.»

«Was bedeutet das, Meister Fwap?»

«Zen-Buddhisten glauben, daß wir uns von dem wahren Wesen einer Sache verschließen, wenn wir sie begrifflich betrachten. Sie glauben, daß wir nur dann zum Wesen eines Dings, einer Erfahrung oder einer Erkenntnis vordringen, wenn wir unseren begrenzten Begriff von den Dingen hinter uns lassen und deren ‹Sosein› und wesenhafte Natur erfahren.

Die Zen-Mönche benutzen Konzentrationsübungen, um sich von den Begriffen zu befreien. Sie glauben einfach, daß die Erleuchtung jenseits der Worte liegt, in den Dingen und Erfahrungen des täglichen Lebens. Kurzum, nach der Zen-Lehre stellt sich das Glück ein, wenn wir uns von den Begriffen befreien, die uns durch die Gesellschaft, die Sprache und das strukturierte Denken aufgezwungen werden.

Es gibt eine alte Zen-Weisheit», fuhr Meister Fwap fort. «Holzhacken und Wasserschleppen vor der Erleuchtung – Holzhacken und Wasserschleppen nach der Erleuchtung.»

Meister Fwap hielt inne und wartete auf eine Erwiderung.

«Was bedeutet das?» fragte ich zögernd.

«Es bedeutet, daß die Erleuchtung in Wirklichkeit nichts ändert und daß sie dennoch alles ändert; man könnte auch sagen, daß die Erleuchtung alles ändert, ohne etwas zu ändern.»

«Meister Fwap, versucht Ihr absichtlich, mich zu verwirren?»

«Nein», antwortete er mit gutmütigem Lachen, «ich versuche nicht absichtlich, dich zu verwirren. Ich glaube nämlich nicht, daß *ich* das tun muß. Du hast dich dein ganzes Leben lang recht erfolgreich selbst verwirrt.»

«Was bedeutet diese Zen-Weisheit nun? Ich verstehe sie immer noch nicht!»

«Es ist ein Versuch, dir zu erklären, was Erleuchtung ist und was sie nicht ist», antwortete Meister Fwap. «Die meisten Menschen, die darüber lesen oder danach streben, haben eine vorgefaßte Meinung darüber, was Erleuchtung sei. Natürlich ist ihre Vorstellung, die sie sich davon machen, durch die Worte geprägt, aus denen sie gebildet ist. Und diese Zen-Weisheit erklärt, daß Erleuchtung keine Begrifflichkeit ist.

Die meisten Menschen nehmen an, daß sich ihr äußeres Leben auf magische Weise ändern wird, nachdem sie die Erleuchtung erfahren haben. Sie stellen sich vor, daß sie sich plötzlich in fließende Gewänder kleiden, ihren Beruf aufgeben und ihre Zeit auf einem Berggipfel zubringen, wo sie in Seligkeit bis zum Ende aller Tage vor sich hin meditieren.»

«Glaubt Ihr das denn nicht, Meister Fwap? Ich meine, wozu ist denn die Erleuchtung gut, wenn sie nicht das Leben ändert? Streben denn die Menschen nicht gerade deswegen nach Erleuchtung, weil sie der Last und Frustration ihres alltäglichen Lebens entkommen möchten?»

«Genau!» erwiderte Meister Fwap. «Das ist es, was die meisten Menschen denken. Aber es ist nicht notwendigerweise zutreffend. Weißt du, die Erleuchtung erlaubt dir, die Dinge anders wahrzunehmen. Die Wahrnehmung ist der Schlüssel zu allem.

Vor der Erleuchtung erschienen dem Zen-Mönch das Holzhacken und Wasserschleppen als weltliche, stets wiederkehrende und lästige Aufgabe. Nach der Erleuchtung hatte sich seine Wahrnehmung des Holzhackens und des Wasserschleppens und all der anderen Dinge im Leben radikal geändert. Er entdeckte, daß die Erleuchtung ebenso im Holzhacken und Wasserschleppen zu finden ist wie darin, auf der Spitze eines Berges zu sitzen und den ganzen Tag lang zu meditieren.

Vor der Erfahrung der Erleuchtung», fuhr Meister Fwap geduldig fort, «scheint die Welt dreidimensional zu sein, dumpf und langweilig. Aber in Wirklichkeit ist die Welt nicht dreidimensional, und wenn man nur ein wenig davon wirklich wahrnimmt, ist sie alles andere als langweilig.

Das Leben setzt sich zusammen aus Millionen von Dimensionen. Für einen Geist, der sich dessen bewußt ist, kann das Leben und selbst die eintönigste Aufgabe des täglichen Leben niemals öde und langweilig sein, weil der Glanz des Unendlichen in allen Dingen existiert.

Vor seiner Erleuchtung hinderten den Mönch seine Gedanken, Vorstellungen und geistigen Gewohnheiten daran, die unendliche, strahlende Helligkeit wahrzunehmen, die allen Dingen zu eigen ist.

Nach seiner Erleuchtung mochte der Körper des Mönchs weiterhin mit Holzhacken und Wasserschleppen beschäftigt sein, aber sein Geist streifte beständig durch die ekstatischen Dimensionen des Lichts.

Wenn du erst einmal erleuchtet bist», sagte Meister Fwap mit dramatischer Betonung, «brauchst du nicht mehr in einem Kloster zu leben, weil das ganze Universum zu deinem Kloster geworden ist. Du kannst ein normales Leben führen und tun, was immer du willst.

Rein körperlich mag es so scheinen, als hätte sich nichts Bemerkenswertes in deinem Leben verändert. Aber dein Geist wird sich in einem Zustand bleibenden Glanzes und bleibender Ekstase befinden, so wie bei dem Zen-Mönch.»

«Nun, Meister Fwap, ich verstehe immer noch nicht,

wie einige Arten der Realität realer sein können als andere.»

«Wenn du erst einmal deine Vorstellung von der Realität, wie du sie siehst, hinter dir läßt», sagte Meister Fwap, «dann wirst du über deine vorgefaßten Worte und Gedankenkonzepte hinausgelangen. Mehr ist nicht dabei. Aber solange du daran festhältst, das Leben zu ‹denken›, statt es direkt auf nichtbegriffliche Weise zu erfahren, wirst du nicht mehr von der Realität verstehen als heute.

Laß uns für ein paar Minuten vergessen, daß wir ein vorgefaßtes Verständnis der Bedeutung des Wortes ‹real› haben. Laß uns am Anfang beginnen und durch Beobachtung ermitteln, was real ist und was nicht. Laß uns durch direkte Betrachtung des Lebens herausfinden, ob einige Dinge mehr Realität besitzen als andere.»

An diesem Punkt unserer Diskussion machte Meister Fwap eine Pause. «Wie würdest du Realität definieren? Was macht deiner Meinung nach ein Ding real?»

«Also, ich denke, etwas ist real, weil es existiert», antwortete ich.

«Aber die Dinge existieren nicht, oder wenn sie existieren, dann existieren sie nur einen flüchtigen Moment lang.»

«Wie meint Ihr das, Meister Fwap?»

«Nun, das einzige, was existiert, ist dieser Augenblick hier!» sagte Meister Fwap nachdrücklich. «Es gibt keine Vergangenheit», fuhr er fort, «über den gegenwärtigen Augenblick hinaus. Die Vergangenheit, ob sie nun tausend Jahre zurückliegt oder gerade ein paar Sekunden, existiert nur als eine Idee oder als eine Impression in unserer Erinnerung.»

«Also dann wäre das, was real ist, nur für einen flüchtigen Augenblick lang real. Ist es das, was Ihr meint?» fragte ich.

«Genauso ist es!» erwiderte er schnell. «Und um die Dinge noch weiter zu komplizieren, beruht die Realität eines Dings auf deiner Wahrnehmung desselben, und deine Wahrnehmung eines Ereignisses dauert nur einen Augenblick, bevor sie im Gedächtnis verschwindet.»

«Meister Fwap, ich glaube, das wird mir ein wenig zu metaphysisch. Ich bekomme langsam Kopfschmerzen!» sagte ich mit plötzlicher Heftigkeit.

«Versuch es einmal auf diese Weise zu betrachten», fuhr er fort und ignorierte meinen emotionalen Ausbruch. «Was eine Sache real macht, ist zunächst einmal der Umstand, daß sie existiert. Wir stimmen beide darin überein, daß etwas nicht real ist, wenn es nicht existiert. Nun, nimm einmal an, daß einige Dinge länger existieren als andere. Würdest du sagen, daß diese Tatsache sie realer macht?»

«Ich denke doch», pflichtete ich ihm widerstrebend bei.

«Ein erleuchteter buddhistischer Meister weiß, daß in den körperlichen oder astralen Welten nichts länger als einen Augenblick existiert. Aber er weiß auch, daß das

Nirwana immer existiert; es ist etwas Bleibendes. Deshalb ist also das Nirwana – welches nichts anderes als die Erleuchtung ist – mit Sicherheit realer als alles Körperliche oder Astrale, weil es niemals endet.

Das einzige Beständige außerhalb des Nirwana ist der Wandel», fuhr Meister Fwap fort. «Nichts bleibt sich von einem Augenblick zum nächsten gleich, weder in dieser noch in allen anderen Dimensionen. Wenn du glaubst, daß es anders ist, läßt du dich von deinen Gedanken und Vorstellungen in die Irre führen.

Alle Dinge und Wesen bestehen aus pulsierender Energie. Nichts im Universum ist wirklich so festgefügt, wie es scheint. Eine nichterleuchtete Person wird zum Beispiel einen Baum als etwas Solides und Greifbares ansehen. Aber eine erleuchtete Person steht vor einem Baum und sieht ein ewig sich wandelndes Kontinuum von Energie, das im Augenblick die Form eines Baumes annimmt.

Das Universum besteht aus endlosen Ebenen von Dimensionen», stellte Meister Fwap bestimmt fest. «Einige Ebenen sind dauerhafter als andere, und selbstverständlich gibt es im Nirwana keinerlei Wandel. Je näher also eine Ebene des Seins dem Nirwana ist, um so realer ist sie auch, um es einmal so auszudrücken. Andersherum betrachtet ist etwas um so weniger real, je weiter es vom Nirwana entfernt ist.»

«Aber, Meister Fwap, Ihr habt gesagt, das Nirwana sei nicht räumlich. Es ist doch nicht wirklich ein physischer

Ort, oder? Wenn dem so ist, wie kann dann eine Dimension ihm näher und eine andere ihm ferner sein?»

«Du hast vollkommen recht», erwiderte Meister Fwap unverzüglich. «Das Nirwana ist nicht räumlich; jedenfalls nicht auf die Art und Weise, wie du es dir vorstellst. So wenig dich das auch zufriedenstellen wird, es gibt wirklich keine Möglichkeit, das Nirwana zu erklären. Worte sind nutzlos.

Das Nirwana muß man unmittelbar erleben, um zu wissen, was es ist», belehrte mich Meister Fwap. «Man kann es nicht kennen, so wie man einen Menschen kennt, wie man weiß, wie etwas gemacht wird, oder wie man einen Begriff kennt und versteht.

Die Kenntnis des Nirwana ist ein Wissen jenseits aller Begriffe. Das ist der Grund, warum wir Buddhisten sagen, das Nirwana sei die Weisheit jenseits aller geistigen Erkenntnis.

Wir meditieren und wir schulen unsere Achtsamkeit, um über die begrenzten Vorstellungen, die uns in relativ unrealen Zuständen des Geistes festhalten, hinauszugelangen», sagte Meister Fwap mit einem Augenzwinkern. «Jenseits der Begrenzungen des Geistes, denen die meisten menschlichen Wesen unterliegen, gibt es auf den astralen und kausalen Ebenen viel dauerhaftere Stufen der Wahrnehmung.

Wenn du diese ‹realeren› Stufen der Wahrnehmung erfährst, wirst du stets glücklich sein! Die Mitglieder der atlantischen Mysterienschule meditierten und entdeckten, daß es unterschiedliche Abstufungen von Realität im Universum gibt. Und sie fanden überdies heraus, daß die innere Harmonie sich direkt auf die Fähigkeit auswirkt, die erleuchteten Stufen des Bewußtseins zu erreichen und zu erfahren.»

* * *

Meister Fwap nimmt seine Erzählung wieder auf

«Indem sie ihr Inneres erforschten und metaphysisches Neuland betraten, entdeckten die Mitglieder der Mysterienschule, daß eine starke Wechselwirkung zwischen dem Gemütszustand und dem Grad der spirituellen Fähigkeiten besteht. Sie fanden heraus, daß ein Individuum, welches nicht glücklich, nicht Herr seiner Gefühle, nicht ausgeglichen, nicht humorvoll und nicht mit sich selbst im reinen ist, seine ihm innewohnenden spirituellen Kräfte nicht voll entfalten kann.

Der Grund dafür ist trügerisch einfach», sagte Meister Fwap lachend. «Alle spirituelle und geistige Entwicklung beruht auf einer unsichtbaren inneren Energie, die ‹Prana› genannt wird. Prana – manchmal auch als ‹Kundalini› oder ‹Ch'i› bezeichnet – ist die Energie des Bewußtseins. Wieviel Prana man in sich zu speichern vermag, bestimmt sowohl den Grad der alltäglichen Achtsamkeit als auch die Fähigkeit, seine spirituellen und okkulten Kräfte zu nutzen.

Prana wird in einem inneren ‹Reservoir› im feinstofflichen Körper eines Menschen gespeichert», fuhr Meister Fwap fort. «Bestimmte Aktivitäten, wie das Meditieren, das Aufsuchen kraftdurchwirkter Orte und die Energiezufuhr durch einen erleuchteten Meister, steigern den Vorrat an Prana, über die ein Mensch verfügt.

Man kann aber auch auf eine Art und Weise denken, handeln und empfinden, die das gespeicherte Prana schnell verbraucht und ohne Not verschwendet.

Am schnellsten wird das Prana aufgezehrt und verschwendet, wenn uns Haß, Ärger, Niedergeschlagenheit, Unglücklichsein, Selbstmitleid und Geltungsdrang bestimmen.

Wenn jemand in einem anhaltenden Zustand emotionalen und geistigen Aufruhrs lebt», erklärte Meister Fwap, «verliert er fast sein gesamtes Prana, selbst wenn er meditiert oder sich in anderen, nach innen gewendeten Praktiken übt, die seinen spirituellen Energiespiegel jeden Tag steigen lassen.

Ohne die innere Energie, die das gespeicherte Prana zur Verfügung stellt, läßt sich keine höhere spirituelle Wahrnehmung entwickeln, ganz zu schweigen davon, Siddhikräfte zu erlangen oder zur Erleuchtung zu gelangen.

Aber die Mitglieder der atlantischen Mysterienschule fanden nicht nur heraus, welche Art von Gefühls- und Verhaltensweisen das Prana verzehren oder vermehren», fuhr Meister Fwap in einem Tonfall fort, als würde er vor Studenten dozieren, «sie erkannten auch, wie wichtig es ist, sich die Reinheit der eigenen Aura zu bewahren und sie nicht von den Denkmustern, Begierden, Ängsten und negativen Emotionen anderer beflecken zu lassen.

Sie machten die Beobachtung, daß die meisten Individuen, ohne es bewußt wahrzunehmen, selbst von solchen Menschen, mit denen sie nur gelegentlich zusammen sind, Unmengen von spiritueller Energie in sich aufnehmen. Noch mehr nehmen sie natürlich von jenen Menschen auf, mit denen sie durch starke Gefühlsbande verknüpft sind.

Was wir an spirituellen Energien und Gemütszuständen von anderen Menschen aufnehmen, lagert sich auf unserem feinstofflichen Körper ab, fast so, wie sich im Laufe eines Tages Staub und Schmutz auf unserem körperlichen Leib ansammeln.

Wenn diese negativen Schwingungen der Aura nicht durch spirituelle Abschirmungstechniken auf ein Minimum begrenzt werden und unser feinstofflicher Körper nicht jeden Tag durch die Praxis der Meditation davon gesäubert wird, wird sich immer mehr davon ansammeln und schließlich eine extrem giftige Wirkung entfalten.

Der Aufbau negativer Schwingungen in der Aura beeinträchtigt anfangs unsere Fähigkeit zur spirituellen Wahrnehmung», fuhr er mit seinen Erläuterungen fort. «Wenn sich diese Energien schließlich über eine lange Zeitspanne hinweg aufbauen, dann machen sie uns körperlich krank. Die meisten ernsthaften Erkrankungen einschließlich vieler Arten von Krebs sind das Ergebnis einer vergifteten Aura.»

* * *

Das geheime Wissen von der Erleuchtung sei wie eine Flamme, erklärte mir Meister Fwap weiter. Die ersten Menschen, die in Atlantis erleuchtet gewesen seien, hätten die «Flamme der Erleuchtung» zum erstenmal auf der Erde entzündet. Die Mitglieder der verschiedenen Mysterienschulen hätten diese Flamme der Erleuchtung am Leben erhalten, indem sie die geheimen Techniken von Generation zu Generation weitergaben. Die Rae Chorze-Fwaz sei die jüngste tibetische Inkarnation der Mysterienschulen der Vergangenheit.

Meister Fwap ließ mich auch wissen, daß die Aura der Erde – das unsichtbare astrale Energiefeld, das unseren Planeten umgibt und schützt und durch das alle spirituelle Wahrnehmung fließt – im Zeitalter von Atlantis sehr rein war. Er verglich die Aura der Erde mit ihrer Ozonschicht.

«Die Ozonschicht der Erde», sagte Meister Fwap, «ist ein unsichtbarer Schild, der die menschlichen Wesen und andere Lebewesen vor der ultravioletten Strahlung der Sonne schützt. Wenn die Ozonschicht der Erde jemals ernsthaft verletzt wird, müßte das meiste pflanzliche und tierische Leben auf unserem Planeten zugrunde gehen. In ähnlicher Weise haben alle lebenden Wesen eine Aura, ein schnellschwingendes, unsichtbares, spirituelles Energiefeld, das sie vor giftigen, nichtkörperlichen Energien schützt, die ihnen sonst Schaden zufügen würden.

Während des Zeitalters von Atlantis lebten nur einige hunderttausend Menschen auf unserem Planeten. Sie lebten in einem Zustand tiefster Harmonie mit der Natur. Damals war es wegen der Reinheit der Erdaura viel leichter zu meditieren, Zugang zur geistigen Seite seines Wesens zu finden und Erleuchtung zu erlangen.

Betrachte es einmal so», meinte Meister Fwap. «Wenn du im Radio Musik hören willst, dann stellst du einen Sender ein und hörst, was er gerade bringt. Aber wenn Hunderte und Tausende von Sendern gleichzeitig auf den gleichen Wellenlängen senden, dann könntest du keinen von ihnen mehr herausfiltern. Selbst wenn sie alle die schönste Musik im Programm hätten, würdest du nur ein mißtönendes Rauschen aus deinem Radio vernehmen.

Jedes lebende Wesen hat eine spirituelle Seite!» rief er aus. «Ob wir uns nun dessen bewußt sind oder nicht, wir alle spüren die Schwingungen und Energien, die von anderen Menschen um uns herum ständig ausgehen. Wir spüren diese Dinge mit unserer eigenen Aura, der äußeren Schicht unseres feinstofflichen Körpers.

Wußtest du, daß die große Mehrzahl deiner Gedanken und deiner Gefühle noch nicht einmal deine eigenen sind?« fragte Meister Fwap mit einem sarkastischen Lächeln.

«Ich habe dir ja bereits gesagt», erinnerte er mich, «daß du die meisten deiner Gedanken und Emotionen auf unbewußtem Wege aufnimmst, und zwar von den Menschen, in deren Umgebung du lebst, und von denen, für die du starke positive oder negative Gefühle empfindest. Du nimmst auf telepathischem Weg Impressionen dort auf, wo du arbeitest oder zur Schule gehst, auf den Straßen, die du befährst, in den Geschäften, in denen du einkaufst, in der Stadt und auf dem Land, wo du lebst, und in gewissem Ausmaß bei allen Menschen, die auf unserem übervölkerten Planeten leben.»

«In welcher Weise beeinflussen uns die Eindrücke, die die Schwingungen anderer Menschen verursachen, Meister Fwap?»

«Nun, laß uns annehmen, daß du Tür an Tür mit einem Alkoholiker lebst. Dann stellst du vielleicht plötzlich fest, daß du selbst gerne etwas trinken würdest. Wenn du diesem Gefühl nachgibst, das am Anfang nicht dein Gefühl war, dann trinkst du vielleicht bald regelmäßig. Dann wirst du im nebelhaften Rausch vielleicht deine Arbeit vernachlässigen, schlecht zu den Menschen sein, für die du verantwortlich bist, oder sogar einen Autounfall verursachen. Kurzum, wenn du den Gefühlen des Alkoholikers von nebenan folgst, ohne zu verstehen, daß es gar nicht deine eigenen Gefühle sind, kannst du dir dein ganzes Leben ruinieren!

Oder laß uns annehmen», fuhr Meister Fwap fort, «daß du jemanden liebst, der sehr niedergeschlagen ist.

Selbst wenn dieser Mensch in einem anderen Teil des Landes lebt, wirst du feststellen, daß du an die unglücklichen Gedanken dieses Menschen denkst und seine Niedergeschlagenheit empfindest, auch wenn du selbst noch so glücklich bist.

Außersinnliche Eindrücke können auch noch eine Weile an einem bestimmten physischen Ort haftenbleiben. Wenn ein frisch verheiratetes Paar, das sehr glücklich miteinander ist, in ein Haus zieht, das gerade von einem Paar verlassen wurde, dessen Ehe mit einer Scheidung endete, werden die Neuvermählten sich vielleicht ständig zanken, obwohl sie einander doch wahrhaft lieben!

Ohne daß einer von ihnen es bewußt wahrnimmt, haben die beiden Frischvermählten die Denkweise der früheren Mieter übernommen, halten sie für ihre eigenen Gedanken und Gefühle und verhalten sich entsprechend.

Und außer den Einflüssen, die andere, fremde Individuen in unserer Umgebung auf uns ausüben», erklärte Meister Fwap, «und den noch stärkeren Beeinflussungen durch Menschen, die uns gefühlsmäßig nahestehen, wirkt sich auch das kollektive Bewußtsein der Schwingungen der gesamten Menschheit auf uns aus.

Es ist so, als sei der Geist jedes Menschen eine Art Radiosender. Er überträgt fortwährend die Essenz der Gedanken und Gefühle dieses Menschen in die Aura der Erde. In unseren Tagen, wo die Erdbevölkerung in die Milliarden geht, überschwemmen die Denkmuster so vieler Menschen die Erdaura, daß diese hochgiftig geworden ist! Wegen dieser speziellen Verschmutzung der Erdaura ist es für Individuen mit hochentwickelten spirituellen Fähigkeiten sehr schwierig geworden, die Dinge klar wahrzunehmen.

Es ist vielleicht einfacher für dich zu verstehen, wovon ich rede, wenn du einmal einen Versuch machst», sagte Meister Fwap.

«Beobachte doch einmal, wie viele Gedanken du denkst, wenn du mit anderen Menschen zusammen bist. Dann mache einen Spaziergang in die Wälder, an einen einsamen Strand, in die Wüste oder auf einen Berg.

Versuche bei diesem Experiment, ausgetretene Wege und vielbesuchte Strände zu meiden. Wie ich schon sagte, bleibt ein bestimmter Teil der Denkmuster eines Menschen an dem physischen Ort zurück, den er häufig aufsucht. Du mußt also einen Weg nehmen oder an einen Strand gehen, der abseits großer Menschenmengen liegt, irgendwohin, wo in letzter Zeit niemand gewesen ist. Dort solltest du einige Minuten allein zubringen.

Wenn du zehn oder zwanzig Minuten an einem relativ reinen Platz zugebracht hast», fuhr Meister Fwap fort, «durchforsche deinen Geist. Du wirst wahrscheinlich feststellen, daß du weder so viel denkst wie zuvor, noch die gleiche Art von Gedanken hast, die du früher hattest, als noch Leute um dich herum waren. Diese Änderung in der Quantität wie in der Qualität deiner Gedanken ist eingetreten, weil du dich körperlich von den anderen entfernt hast und weil dir die natürlichen Elemente in den Wäldern, Bergen, Wüsten und in der Nähe des Meeres und anderer großer Wassermassen helfen, dich gegen die Denkmuster und die Aura anderer menschlicher Wesen abzuschirmen.»

«Meister Fwap, ich verstehe immer noch nicht, was all dies mit meiner Frage zu tun hat», sagte ich ungeduldig. «Warum konnten die Mitglieder der Mysterienschule, die während des Untergangs von Atlantis oder danach starben, nicht einfach wiedergeboren werden, Zugang zu ihrem anderen Gedächtnis finden und dann alles wieder abrufen, was sie in Atlantis gewußt hatten?»

«Du solltest in der Lage sein, dir diese Frage selbst zu beantworten, jetzt, wo ich dir erklärt habe, wie eine Aura funktioniert», erwiderte Fwap.

«Ich weiß es nicht! Es ist zu verwirrend! Würdet Ihr es mir bitte auf einfachere Weise erklären?»

Meister Fwap lächelte mitleidig. «Es ist leicht zu verstehen. Setz einfach nur alle Bausteine, die ich dir gegeben habe, zusammen.»

Ich verharrte in Schweigen. Ich hatte keine Ahnung, wie ich mir meine Frage beantworten sollte. Nachdem er vergebens auf meine Antwort gewartet hatte, seufzte Meister Fwap geduldig und beantwortete meine Frage.

«Im Zeitalter von Atlantis», sagte er, «waren dank der geringen Bevölkerungsdichte – und der daraus resultierenden Reinheit der Erdaura – zunächst die Bedingungen für die Entdeckung der verborgenen Meditationstechniken ideal. Aber der Untergang von Atlantis fiel zeitlich zusammen mit einem allgemeinen Bevölkerungswachstum anderer technisch und geistig weniger hochentwikkelter Zivilisationen auf der Erde.

Bereits zur Blütezeit der ägyptischen Zivilisation war die Erdaura so dicht, daß es nicht mehr möglich war, die verborgenen Meditationstechniken von selbst zu entdekken. Das war der Hauptgrund für die Gründung der Mysterienschule. Noch in der Zeit von Atlantis hatten die ersten Mitglieder des Ordens mit ihren spirituellen Kräften die folgenden Zeitalter verdunkelter Aura vorausgesehen, die der Erde bevorstanden. Sie wußten, daß die giftigen Schwingungen dieser bevorstehenden Zeitalter es den wiedergeborenen Mitgliedern des Ordens unmöglich machen würden, tief in ihre eigenen Erinnerungen einzudringen und sich des Wissens, über das sie in Atlantis verfügt hatten, zu entsinnen.»

«Dann», fragte ich nach, «benötigten sie ihre verborgenen Techniken also, um sich ihr anderes Gedächtnis zugänglich zu machen, und es mußte jemand da sein, der die geheimen Techniken beherrschte, um die Mitglieder des Ordens diese zu lehren, nachdem sie als neue Inkarnation wiedergeboren waren. Liege ich damit richtig, Meister Fwap?»

«Genau. Das ist der Grund, warum immer wenigstens ein Mitglied des Ordens auf Erden leben muß. Es soll die Techniken an andere weitergeben, die gerade wiedergeboren worden sind.»

«Meister Fwap, wurden denn damals in Atlantis die Kinder schon mit dem Wissen um diese Dinge geboren, weil die Aura der Erde so rein war?»

«In Atlantis», erwiderte Meister Fwap, «brachte man die Kinder, die durch meditative Praktiken in ihren früheren Leben bereits geistig weit entwickelt waren, zu den älteren Mitgliedern des Ordens, die deren Gabe intuitiv erkannten. Im Tempel von Atlantis wurden diese Kinder dann von den Hohenpriestern und Hohenpriesterinnen in die geheimen Meditationstechniken eingeweiht, und man lehrte sie, wie sie ihren Vorrat an Prana steigern und ihre spirituellen Fähigkeiten weiterentwikkeln konnten.

Die Mysterienschule widmete sich dieser Aufgabe auch während der Blütezeit Ägyptens und später im dritten Zeitalter der Menschheit, als die Hochkulturen Indiens, Chinas, Japans und Tibets erblühten.

Aber das gewaltige Wachstum der Weltbevölkerung während des dritten Zeitalters hat die Meditation und die außersinnliche Wahrnehmung – Dinge, die geistig entwickelten Menschen mühelos möglich sein und gewissermaßen in den Schoß fallen sollten – sehr erschwert und nahezu unzugänglich gemacht.

All die Milliarden Menschen, die inzwischen unseren Planeten bewohnen, strapazieren nicht nur auf furchtbare Weise die natürlichen Reserven der Erde, sondern auch die Erdaura und machen es selbst für hochentwikkelte Menschen schwierig, wenn nicht gar unmöglich, sich ihrer Kenntnisse und Fähigkeiten aus den vergangenen Leben bewußt zu werden.

Du mußt verstehen, daß die Erleuchtung», sagte Meister Fwap, «ein vollkommener Geisteszustand ist. Wenn du erleuchtet bist, bist du auf ewig erfüllt von Ekstase – der Musik des Universums! Die Ekstase ist dein ständiger Begleiter, aber wir sind gewöhnlich spirituell durch unsere Gedanken, unsere negativen Gefühle, die Machenschaften unseres Ego und die Aura anderer so blockiert, daß wir uns ihres Vorhandenseins nicht im mindesten bewußt sind. Statt das allen Dingen innewohnende, erleuchtete und ekstatische Wesen wahrzunehmen, neigen wir dazu, uns in unseren eigenen Gedanken zu verfangen, in unseren Gefühlen und in den idiotischen und lächerlichen Dramen, aus denen unser alltägliches Leben besteht.

Um Erleuchtung zu erlangen, muß man seine Gedanken und Gefühle zur Ruhe bringen und leer werden», sagte Meister Fwap ruhig. «Das ist der Anfang wahrer Meditation: die Befreiung des Geistes von allen ablenkenden Vorstellungen, Gefühlen und Sichtweisen – die wir Buddhisten als Illusionen bezeichnen. Du mußt deinem Bewußtsein gestatten, durch die Dimensionen und Ebenen des höheren Lichtes zu schweifen, die tief im eigenen Geiste existieren. Dies ist eines der Ziele des höheren buddhistischen Yoga.»

Nachdem mir Meister Fwap all das erklärt hatte, berichtete er mir in weiteren Einzelheiten vom Fortbestand des Ordens erst in Ägypten, dann in Indien, China und Japan und schließlich in Tibet. Er sagte, die Bewahrung der geheimen Lehren und Techniken über all die ungezählten Zeitalter der Menschheit bis in die jüngste Zeit hinein habe reibungslos funktioniert.

1950 hätten die chinesischen Kommunisten unerwarteterweise Tibet eingenommen. Hunderttausende tibetischer buddhistischer Mönche waren daraufhin massakriert und die Klöster zerstört oder entweiht worden. Alle lebenden Mitglieder der Rae Chorze-Fwaz mit Ausnahme von Meister Fwap – dem es gelungen war, nach Nepal zu entkommen – waren entweder hingerichtet worden oder hatten sich in chinesischen Arbeitslagern zu Tode geschuftet.

So kam es, daß zum erstenmal in der Geschichte des Ordens nur noch eines ihrer Mitglieder am Leben war, nämlich Meister Fwap. Er allein besaß das volle Wissen von den geheimen tantrischen Techniken für die schnelle Erlangung der Erleuchtung.

ZEHNTES KAPITEL

Meister Fwaz Shastra-Dups prophetischer Traum

Meister Fwap erzählte mir, daß ihm sein eigener Meister, Fwaz Shastra-Dup, vor der chinesischen Invasion Tibets eine bedeutsame Prophezeiung über die Zukunft des Ordens gemacht hatte. Eines Tages, als er und Meister Fwap gemeinsam im Himalaya unterwegs waren, habe Fwaz Shastra-Dup Meister Fwap von einem prophetischen Traum erzählt, den er in der Nacht zuvor gehabt habe.

In diesem Traum habe er in eine Zeit in der Zukunft geblickt, in der Meister Fwap das einzige überlebende Mitglied der Rae Chorze-Fwaz auf Erden sein würde.

In seinem Traum habe er gesehen, wie Meister Fwap – das letzte lebende Mitglied des Ordens – im Himalaya umhergewandert sei auf der Suche nach einem Schüler, an den er die geheimen Praktiken weitergeben konnte. Er hatte Meister Fwap mitgeteilt, ganz am Ende seines Traumes habe er einen großen, dünnen jungen Mann mit bleicher Haut gesehen, der einen Berg herabgeflogen kam und mit Meister Fwap zusammentraf. Dieser besondere junge Mann komme aus einem Land im Westen und werde Meister Fwaps Schüler werden.

Er habe Meister Fwap auch berichtet, daß er in seinem Traum habe «sehen» können, wie dieser neue Schüler die geheimen Techniken der Meditation von Meister Fwap lernte und sie dann in neuer Form in einem anderen Land weitergab. Als Folge davon würde der Orden seine wichtigsten Lehrkapazitäten vom Osten in den Westen verlagern. Außerdem habe er Meister Fwap berichtet, daß von da an die Meditationstechniken der Rae Chorze-Fwaz, die bis zu dieser Zeit das streng gehütete Geheimnis der Mitglieder des Ordens waren, an Millionen junger Studenten überall in der Welt weitergegeben werden würden.

Enthusiastisch versprach mir Meister Fwap, daß er mich vom Nachmittag des nächsten Tages an in den geheimen Techniken und Lehren der Rae Chorze-Fwaz unterweisen wolle. Er sagte, wenn ich erst einmal die geheimen Techniken, die Methoden und die Philosophie des tantrischen Buddhismus von ihm erlernt habe, läge es in meinem Karma beschlossen, daß ich in den Westen zurückkehrte und diese Techniken viele Jahre lang selbst praktizierte, bis ich sie vervollkommnet hätte und weitergeben könnte an die Studenten der Welt.

* * *

Während Meister Fwap und ich in unser Gespräch über die Erleuchtung und die Geschichte der Mysterienschule vertieft waren, war es Nachmittag geworden und dann

Abend, und jetzt war es kalt und dunkel draußen. Meister Fwap meinte, daß ich für einen Tag genug gehört habe. Er riet mir, in die Jugendherberge zurückzukehren, gut zu essen und etwas auszuruhen und am nächsten Tag gegen Mittag wieder in seinen Tempel zu kommen, um das Gespräch über Meditation und Erleuchtung wiederaufzunehmen.

* * *

Es wehte ein kalter Wind, und es fing an zu schneien, als ich auf dem Heimweg war. Der Wind trieb mir die Schneekörnchen ins Gesicht; meine Haut kribbelte. Ich zog meinen Parka so fest um mich, wie ich konnte.

Im Handumdrehen, so schien es, erreichte ich die Jugendherberge und war dankbar für deren Wärme und Schutz. Ich zog meine Jacke aus, wusch mich, aß zu Abend und schlief, tief und traumlos, die ganze Nacht.

ELFTES KAPITEL

Eine erleuchtende Tasse Tee

Am nächsten Tag begab ich mich mittags wieder zu Meister Fwaps Tempel, so wie er es vorgeschlagen hatte. Wieder hieß er mich am Tor des Tempels willkommen und führte mich nach hinten in sein Quartier. Wir saßen auf dem Yakhaarteppich in seinem Zimmer wie am Vortag. Aber diesmal standen auf dem Tisch zwischen uns eine Teekanne und zwei leere Tassen.

«Ich lade dich heute zum Tee ein», begann Meister Fwap seine Ausführungen. «Ich trinke mehrmals am Tag etwas Tee. Tee ist nämlich mein Lieblingsgetränk. Was ist mit dir? Trinkst du auch gern Tee?»

Ich bejahte, und er schenkte uns aus seinem Teekessel dampfend heißen Tee ein. Er mußte zum Trinken noch viel zu heiß sein, aber als ich ihn probierte, war er zu meiner Überraschung gerade richtig.

«Heute werde ich dich über die Erleuchtung unterrichten», verkündete Meister Fwap mit lauter Stimme, als seien noch andere im Zimmer, deren Aufmerksamkeit er sich vergewissern wollte. «Aber bevor ich damit anfange, würde ich dir gern die Frage beantworten, von der ich weiß, daß du geradezu darauf brennst, sie mir zu stellen.»

Er machte eine kurze Pause und nippte an seinem Tee. Ich überlegte einen Augenblick. Wenn ich eine spezielle Frage im Sinn hatte, die ich Meister Fwap stellen wollte, so war ich mir dessen bestimmt nicht bewußt. Nach einigen Augenblicken des Schweigens fiel mir eine Frage ein.

«Meister Fwap», begann ich, «ich verstehe nichts von dieser ganzen Sache hier. Ich bin nach Nepal gekommen, um im Himalaya Snowboard zu fahren, und nicht, um etwas über die Erleuchtung oder die geheimen Lehren Eures buddhistischen Ordens zu lernen. Ich möchte mich nicht beschweren, aber seid Ihr sicher, daß Ihr in mir den Richtigen gefunden habt?»

Meister Fwap lächelte mich an und sagte kein Wort. Dann schloß er die Augen. Einige Minuten vergingen, ohne daß er mir auf meine Frage geantwortet hätte. Sein Gesichtsausdruck war so friedlich, daß ich schon fürchtete, er könne eingeschlafen sein.

Während ich in Meister Fwaps kleinem, sauberem und bequem eingerichtetem Zimmer auf dem Yakhaarteppich saß, passierte etwas Seltsames. Die Luft im Zimmer wurde dicker und nahm eine schöne, leuchtend goldene Farbe an – nicht auf einmal, sondern ganz allmählich.

Zuerst glaubte ich, daß es um Meister Fwap herum goldenes Licht «schneie». Ich bemerkte die Erscheinung zuerst an seinem Kopf; dann schien das goldene Licht sich überall um seinen Körper zu verbreiten und füllte schließlich den ganzen Raum.

Als ich das goldene Licht rings um Meister Fwaps Körper sah, dachte ich zuerst, irgend etwas mit meinen Augen sei nicht in Ordnung. Ich rieb sie mir mit beiden Händen, um wieder klar sehen zu können. Aber es machte keinen Unterschied. Die Farbe der Luft um Meister Fwap herum und im ganzen Zimmer war immer noch ein weiches und schönes Gold.

Während ich noch über diesen Anblick staunte, wurde das goldene Licht, das den Raum erfüllte, noch intensiver. Nachdem einige weitere Minuten vergangen waren, konnte ich Meister Fwap kaum noch sehen, obwohl er mir direkt gegenüber am Tisch saß. Dann spürte ich, daß eine stechende Hitze meinen ganzen Körper kribbeln ließ. Es war eigentlich keine unangenehme Empfindung, nur ungewöhnlich. Ich verlor jedes Zeitgefühl. Meister Fwap und ich mochten jetzt fünf Minuten oder fünf Stunden hier in diesem Raum gesessen haben; ich hätte es nicht sagen können. Allerdings registrierte ich, daß mein Geist klar geworden war, gesammelt und entspannt. Tatsächlich fühlte ich mich sehr gut, wahrscheinlich besser als je zuvor in meinem Leben.

Während die zeitlose Zeit verstrich, überwältigte mich ein neues Bewußtsein: Ohne jede spürbare Anstrengung meinerseits verstand ich plötzlich alles. Nicht, daß es irgend etwas Besonderes zu verstehen gegeben hätte; ich «wußte» plötzlich einfach alles über das Leben. Ich begriff, daß ich eins mit dem Leben war und gleichzeitig ein besonderer und einzigartiger Teil davon.

Erst in diesem Moment wurde mir klar, daß Meister Fwap erleuchtet war. Irgendwie konnte ich das Innere seines Geistes spüren – und ich wußte, daß es aus reinem, goldenem Licht bestand. Ich wußte ebenfalls, ohne zu wissen, wie ich an dieses Wissen kam, daß das goldene Licht in Meister Fwaps Geist und das goldene Licht, das im Augenblick den Raum erfüllte, das Licht der Erleuchtung war.

Ich spürte und wußte, daß Meister Fwaps Geist sich endlos in alle Richtungen erstreckte, durch alle Zeiten, Räume und Dimensionalitäten. Ich hatte niemals zuvor etwas so unglaublich Schönes empfunden oder erlebt.

Dann begann Meister Fwap zu sprechen, mit ruhiger Stimme und ohne die Augen zu öffnen.

Er sprach über die Erleuchtung. Währenddessen gingen ununterbrochen in einer anscheinend endlosen Vielfalt kaleidoskopischer Muster Wellen goldenen Lichts von seinem Körper aus. Manchmal bemerkte ich, daß ein beständiger Fluß weichen, goldenen Lichts direkt aus seinem Körper kam oder daß das Licht rhythmisch und im Takt seiner Worte den Raum zu durchpulsen schien.

«Erleuchtung», hob er an, «ist das vollständige Bewußtsein des Lebens ohne jede geistige Einschränkung. Es ist Glück, Ekstase und all das, was im Leben schön, vollkommen und erfüllend ist. Erleuchtung», fuhr er fort, «ist der perfekte Geisteszustand. Es ist das direkte ‹Sehen› der Wirklichkeit.

Die Welt, die die meisten Menschen sehen und die sie

Leben nennen, ist in Wahrheit nur ein Traum. So wie die Ereignisse in einem Traum eine scheinbare Wirklichkeit haben, solange man sie träumt, erscheint auch das alltägliche Leben greifbar und real, während man es erlebt. Aber wenn ein Tag, eine Erfahrung oder ein Gefühl vorüber sind, dann verlieren sie ihre scheinbare Greifbarkeit genauso, wie die Ereignisse eines Traumes ihren Anschein von Realität verlieren, wenn man aus dem Traum erwacht ist.

Die Welt, die man jeden Tag und jede Nacht seines Lebens erfährt, ist vergänglich; du – die Person, die all das erlebt –, die Menschen, die du kennst, gekannt hast oder eines Tages kennen wirst, die Gefühle und Erfahrungen, die du gehabt hast, jetzt hast oder eines Tages in der Zukunft haben wirst, all diese Dinge, Zeiten, Orte, Menschen, Erfahrungen, Lernschritte, Gefühle und Ereignisse sind vergänglich.

Sie bestehen nur für einen Augenblick, und dann lösen sie sich wieder in jener unbegreiflichen, formlosen Ewigkeit auf, aus der alle Dinge hervorgehen und in die alle Dinge schließlich wieder eingehen müssen.

Aber hinter dieser vergänglichen Realität, die so rasch kommt und geht, gibt es noch etwas anderes. Es ist eine tiefere, dauerhaftere und keinerlei Veränderungen unterliegende Realität, die wir Buddhisten das Nirwana nennen.

Wie ich dir gestern erklärt habe, ist das Nirwana kein wirklicher Ort, obwohl das in meinen Ausführungen bisweilen so klingen mag. Es ist auch nicht wirklich eine Erfahrung, obwohl ich es manchmal der einfacheren Erklärung halber so hinstelle.

Das Nirwana ist das Licht der Erkenntnis, das uns und alles erschafft, was wir von unserer Geburt bis zum Tod und vom Tod bis zur Wiedergeburt erfahren. Es ist das gleiche Licht, das alles erschafft, was jenseits des Kreislaufes von Geburt, Tod und Wiedergeburt liegt.

Es ist so wundervoll, daß es jedes Wissen übertrifft; es erschafft all die vergänglichen Welten mit all ihren Bewohnern aus sich selbst. Es erhält sie, formt sie um und zieht sie schließlich wieder in sich selbst zurück.

Und obwohl die Wesen, die es erschafft, Freuden und Schmerzen und Erfolg und Mißerfolg erfahren werden, bleibt es über all dies erhaben. Ihr Glück und ihr Unglück läßt es unberührt. Das Nirwana ist ein Zustand fortwährender Glückseligkeit und Ekstase, unbeeinflußt vom vergänglichen Auf und Ab seiner eigenen Schöpfung.

Das tantrische Yoga ist ein Pfad, der zur Erleuchtung führt. Durch die tantrischen Praktiken kannst du dein Bewußtsein mit der ewigen Glückseligkeit und Ekstase des Nirwana vereinen und dich über die begrenzenden Zustände von Freude und Schmerz, Erfolg und Mißerfolg sowie von Glück und Sorge, deren Sklaven all die unzähligen, nichterleuchteten Wesen sind, erheben.

Wenn du auf ewig die ungetrübte Ekstase des Lebens erfahren willst, mußt du dich zuerst von den Dingen befreien, die Schmerz verursachen. Das kannst du durch die buddhistischen Zwillingspraktiken Meditation und Achtsamkeit erreichen.

In der Meditation kannst du dich durch die vollkommene Konzentration deines Geistes auf deine Chakras, durch das Verstummenlassen der Gedanken und durch die Steigerung des Stroms deines Kundalini über das Bewußtsein des Körpers erheben und deinen Geist mit dem klaren Licht des Nirwana vereinen. Diese Vereinigung stellt einen Strom von Glückseligkeit und Glück zwischen deinem Geist und der Erleuchtung her.

Mit dem Glück der Ekstase und der Kraft, die du aus der Meditation schöpfst, kannst du dann nach und nach deinen Geist von all den Dingen befreien, von denen er sich auf so schmerzhafte Weise abhängig gemacht hat. Sobald du das vollbracht hast, wirst du immer glücklich sein, ganz gleich, was dir in deinem körperlichen Leben auch zustoßen mag.

Wenn du dein Glück jeden Tag aufs neue aus dem endlosen Bewußtsein des Nirwana schöpfst», fuhr Meister Fwap fort, «bist du nicht länger ein Sklave des Schicksals. Werden dir freudige Erfahrungen beschert, kannst du sie genießen. Wenn Schmerz und Ungemach dich befallen, dann kannst du dich über sie erheben und bleibst von ihnen unberührt. Die Glückseligkeit und Ekstase des Nirwana werden dich weit über die vergänglichen Sorgen sowohl des Lebens als auch des Todes erheben.

Betrachte es einmal so», sagte Meister Fwap. «Über den Wolken scheint immer die Sonne. An einem wolkigen Tag können wir uns nicht am Sonnenschein erfreuen und die Sonnenwärme so spüren wie an einem sonnigen Tag. Aber wenn wir ein Düsenflugzeug bestiegen und hoch über den Wolken flögen, gäbe es dort nur noch Sonnenschein. Über den Wolken ist es immer sonnig.

In gleicher Weise wirst du ein Sklave der ‹Wetterverhältnisse› sein, wenn du dein Glück aus den Geschehnissen und dem Erleben dieser körperlichen Welt beziehst. Wenn die Dinge in deinem Leben ‹sonnig› sind, wirst du glücklich sein. Aber an ‹wolkigen› Tagen, die wir alle im Leben haben, wird es dir schlecht ergehen, wirst du traurig und niedergeschlagen sein.

Wie du weißt, können wir das Wetter nicht beeinflussen; wir können es ja kaum vorhersagen. Und genauso ist es auch mit unserem alltäglichen Leben. Es ist sehr schwierig, sein Leben auch nur über eine kurze Zeitspanne zu kontrollieren, ganz zu schweigen von der ganzen Lebensspanne, und es ist beinahe unmöglich, das Leben als Ganzes vorherzusagen.

Aber wenn du deinen Geist in tiefster Meditation mit dem Nirwana vereint hast, dann wirst du dich immer in einem erleuchteten Bewußtseinszustand befinden. Dann können die Wolken des Lebens ruhig kommen. Soll der Regen der unglücklichen und tragischen Erfahrungen fallen, so wie es manchmal unausweichlich ist, selbst in den Leben der erleuchteten Meister. Wenn dein Geist durch die Praxis der Meditation und der Achtsamkeit eins geworden ist mit dem Nirwana, dann wirst du alle Zeit glücklich bleiben.»

«Aber, Meister Fwap», hörte ich mich fragen, «was empfinden denn die Menschen, die zwar meditieren, doch die Erleuchtung noch nicht erfahren haben? Sind sie Unglück und Leiden im gleichen Maße ausgesetzt wie die nichterleuchteten Menschen, oder können sie dank ihrer Meditationen besser mit dem fertig werden, was Ihr die ‹wolkigen› Tage des menschlichen Lebens nennt? Oder müssen sie erst erleuchtet sein, bevor sich für sie wirklich etwas verbessert?»

Meister Fwap öffnete die Augen und blickte mich direkt an. «Das sind gute Fragen!» lachte er. «Natürlich dauert es eine Weile, bis man erleuchtet ist. Aber es geht dabei zu wie beim Erlernen aller anderen Künste: Man braucht dazu lediglich Zeit, einen guten Lehrer und Übung.

Wenn du mit dem Meditieren beginnst, darfst du nicht zu früh zu viel erwarten. Wenn du eine neue Sprache lernst, erwartest du ja auch nicht, daß du sie gleich vom ersten Tag an sprechen kannst, oder?

Aber wenn du dich nur wenige Wochen im Meditieren geübt hast, wirst du schon mehr Energie haben und ein wenig glücklicher sein. Nach und nach, während du die Meditation immer besser beherrschen lernst, wirst du immer größeres Glück erleben und immer mehr innere Energie zu deiner Verfügung haben. Und wenn du schließlich deine Meditationstechnik fast zur Vollkommenheit gebracht hast, wirst du in einem Ausmaß Ekstase erleben und Wissen erfahren, das zu beschreiben die Macht der Worte nicht ausreicht!

Jedesmal, wenn du meditierst, wird deine Verbindung mit der Welt des inneren Lichtes und des Glücks, die in dir selbst existiert, stärker», erklärte Meister Fwap. «Im Laufe vieler Jahre des Übens wird diese Verbindung immer strahlender und ekstatischer. Aber schon vom ersten Anbeginn deiner Meditationsübungen an wirst du feststellen, daß etwas von dem strahlenden Leuchten und der Ekstase, die du während der Meditation erlebst, in dein alltägliches Leben einfließt.

Denk daran», sagte Meister Fwap in übertrieben mahnendem Ton, «während du deine Meditationstechnik von Monat zu Monat weiter vervollkommnest, wird sich mehr und mehr Licht und Ekstase in die Augenblicke deines täglichen Lebens ergießen. Schließlich wird eine Zeit kommen, in der du dich wie ich ständig in einem Zustand ewigen Lichtes befindest.»

«Aber warum muß man diese Studien bei seinem Meister fortsetzen, nachdem man die Technik erlernt hat?» wollte ich wissen.

«Du wirst Zurechtweisung, Anleitung und vor allem die Aurakräfte deines Meisters benötigen», erwiderte Meister Fwap rasch.

«Wenn die Leitungen deines Hauses elektrischen Strom führen», fuhr er fort, «brauchst du nur den Stecker einer Lampe in eine Dose zu stecken, damit sie leuchtet. Die Stromspannung ist bereits vorhanden und wartet nur darauf, daß du sie nutzt.

Aber wenn du nur einen kleinen handgetriebenen Generator hast, um die Lampe mit Strom zu versorgen, dann wirst du nur dann Licht haben, wenn du die Kurbel des Handgenerators drehst. Wenn du aufhörst zu kurbeln, wird das Licht verblassen und verlöschen.

Ein erleuchteter Meister ist wie eine dauerhafte Quelle kosmischen Lichtes, weil sein Geist auf immer mit dem Nirwana verschmolzen ist. Wenn du Schüler eines erleuchteten Meisters bist, dann kannst du im wörtlichen Sinne seine Aura anzapfen – das Lichtfeld, das ihn durchdringt –, und zwar überall und zu jeder Zeit. Du brauchst zu diesem Zweck nicht mehr zu tun, als über deinen buddhistischen Meister zu meditieren – schon wird das Licht deinen Geist durchfluten.

Ein erleuchteter buddhistischer Meister versorgt seine Schüler mit einem Kraftstrom aus seiner Aura. Er überträgt im wörtlichen Sinne Licht, Kraft und Wissen in ihre Aura. Dieser Kraftfluß verhilft seinen Schülern zu einer außerordentlichen Ansammlung von Prana. Und dieser Zuwachs an Prana ermöglicht es ihnen wiederum, noch tiefer zu meditieren und auch andere Dinge in ihrem Leben schneller, mit größerem Glück und größerer Leichtigkeit zu erreichen.

Die meisten Menschen haben leider keinen erleuchteten Meister», sagte er mit einem leichten Seufzer, als bereite ihm dieser Umstand Sorge, «so daß sie nur eine begrenzte Menge von Licht erfahren, wenn sie meditieren. Aber ein Mensch, der schneller vorankommen und das Unglück schneller überwinden will, sollte versuchen, einen erleuchteten Meister zu finden. Wenn es jemandem ernsthaft darum zu tun ist, nicht nur ein ganz klein wenig glücklicher zu werden, und wenn dieser Jemand die Erleuchtung sucht und grenzenloses Glück erfahren will, dann muß er bei einem erleuchteten Meister lernen. Heute läßt sich auf dieser Erde Erleuchtung nur noch finden, wenn man einen erleuchteten Meister als Führer hat ... es sei denn natürlich, man wäre bereits in vielen früheren Inkarnationen erleuchtet gewesen.»

Meister Fwap hielt inne und sah mir direkt in die Augen. Das goldene Licht erfüllte immer noch die Luft zwischen uns. Ich spürte, wie mein Bewußtsein in Bewegung geriet, und hatte gleichzeitig ein seltsam kribbelndes Gefühl im Kopf. Nachdem er mir einige Minuten lang unverwandt in die Augen geblickt hatte, sprach Meister Fwap schließlich weiter.

«Nirwana, Erleuchtung – diese Ausdrücke sind austauschbar. Nenn es, wie immer du willst: Es ist seinem Wesen nach vollkommene Harmonie, Friede und Freude. Anders als die vergänglichen Tage unseres Lebens, die ständig kommen und gehen, besteht das Nirwana seit aller Zeit, ist jetzt und wird immer sein.

Im ganzen Universum gibt es nichts, das schwerer zu verstehen wäre», sagte er mit einem glücklichen Lachen.

«Du mußt hinter meine Worte blicken, wenn du wissen willst, wovon ich spreche. Du mußt die Realität des Lichtes durch deine eigene Meditation selbst erfahren; nur dann wirst du wirklich verstehen, wie vollkommen das Leben ist. Dann wirst du auf ewig glücklich sein.»

«Aber Meister Fwap. Wie kann ein Mensch glücklich sein in einer Welt, in der es so viel Ungerechtigkeit und Unglück gibt? Jeder und alles stirbt! Und es gibt soviel Schmerz und sinnloses Leid im Leben eines jeden von uns. Wie können Meditation und Erleuchtung daran etwas ändern?»

«Ich stimme dir zu», sagte Meister Fwap freundlich. «Die Welt der menschlichen Erfahrung ist eine höchst ungewisse. Heute bist du glücklich, und morgen bist du unglücklich. Heute bekommst du vielleicht, was du willst, und morgen vielleicht nicht. Heute bist du jung und energiegeladen, und in der Zukunft wirst du alt sein und vielleicht sehr müde.

Nur der Erleuchtete ist unbeirrbar glücklich, weil sein Glück nicht an die Geschehnisse und Erfahrungen geknüpft ist, die sich in der Welt ereignen. Statt dessen gründet es sich auf die grenzenlose innere Energie, die er aus seiner Verbindung mit der Welt der Erleuchtung schöpft.»

* * *

«Jenseits dieser Welt gibt es zahllose Dimensionen. Sie erstrecken sich in alle Ewigkeit! Man kann sie bereisen und in ihnen Erfahrungen machen.

Einige astrale Dimensionen sind leuchtend und erfüllt von Ekstase. Hochentwickelte kosmische Wesen leben darin. Aber es gibt auch sehr dunkle astrale Dimensionen, die mit Schmerz und Verwirrung gefüllt sind. Sie werden oft bewohnt von Wesen, die voller Haß und Verzweiflung sind.

Die Erfahrungen, die du in den astralen Dimensionen machst, sind im Wesen von den Erfahrungen in den hiesigen körperlichen Dimensionen nicht allzu verschieden – in dem Sinne, daß sie ebenfalls vergänglich sind. Manche Menschen nehmen fälschlicherweise an, daß ein Woanders immer besser sein müsse als das Hier. Aber das Leben ist mehr oder weniger das gleiche, wo immer du auch bist – denn *du* wirst ja dort sein, wo immer du hingehst.

Ich erwähne das nur, weil so viele Menschen die Erfahrung der Meditation und der Erleuchtung mit der der Astralreise verwechseln. Manche Menschen reisen während ihrer Meditation in ihrem Astralleib in andere Dimensionen. Aber das Astralreisen bringt dem Menschen kein dauerhaftes Glück. Und es ist ein Tatbestand, daß das Astralreisen sehr gefährlich sein kann, wenn es nicht korrekt durchgeführt wird.

Es ist eine feindliche Welt, die außerhalb der Sicherheit des Nirwana und der Erleuchtung existiert. Im Leben müssen sich alle Wesen von anderen Wesen ernähren, um existieren zu können. Manche Wesen finden sogar Gefallen daran, anderen unnötiges Leid zuzufügen, einfach aus reiner Bosheit.

Sich in eine andere Dimension zu begeben, bedeutet nicht unbedingt, daß man dort auch bessere Verhältnisse antrifft oder glücklicher ist. Tatsächlich werden die Dinge vielleicht sogar schwieriger.

Es gibt viele verschiedene Formen des Lebens im Universum«, fuhr Meister Fwap mit warnendem Unterton fort, «und von den meisten wissen die menschlichen Wesen überhaupt nichts. Dir ist ja sicherlich bekannt, daß ein einziges kleines Virus dein körperliches Leben beenden kann. Und du wirst auch gelernt haben, daß es gefährliche Menschen und gefährliche Situationen gibt, die man meiden muß, um auch nur mit dem bloßen Leben davonzukommen, geschweige denn das Glück oder die Erleuchtung zu erlangen.

Du hast viele Jahre deines Lebens gebraucht, um zu lernen, wie man erfolgreich vielen der körperlichen Gefahren des alltäglichen Lebens aus dem Weg geht. Das Überqueren einer verkehrsreichen Straße oder die Ablehnung einer unannehmbaren oder gar verdächtigen Einladung eines Fremden sind heute Selbstverständlichkeiten für dich. Aber kurz nach deiner Geburt wußtest du nichts von diesen Gefahren und davon, wie man mit ihnen umgeht. Das hast du von deinen Eltern gelernt, von deinen Lehrern in der Schule und durch eigene Erfahrungen.

Die Menschen haben erst in jüngster Zeit entdeckt, daß es Bakterien und Viren gibt. Ich kann dir persönlich versichern – als ein buddhistischer Mönch, der die Rätsel der Existenz über viele, viele tausend Inkarnationen hinweg studiert hat –, daß es in den anderen Dimensionen noch eine Menge anderer komplexer Wesen und Lebensformen gibt. Sie können sehr gefährlich werden, wenn man ihnen begegnet und nicht weiß, wie man mit ihnen umgehen oder ihnen ausweichen kann.

Was ich dir klarmachen will, ist, daß Erleuchtung nicht das gleiche ist wie eine Reise zwischen den Dimensionen», sagte Meister Fwap mit großem Nachdruck. «Erleuchtung ist die Erfahrung des reinen Lichtes. Ich habe nichts gegen Reisen zwischen den Dimensionen; ich begebe mich sogar selbst nicht selten auf solche Reisen. Aber ich habe auch von meinem Meister, Fwaz Shastra-Dup, gelernt, wie ich das gefahrlos tun kann.»

«Könnt Ihr so eine interdimensionale Reise beschreiben?» fragte ich. Meister Fwap hatte endlich einmal ein Thema angeschnitten, das mir interessant vorkam.

«Interdimensionales Reisen ist so ähnlich wie das Reisen von einem Land ins andere», erwiderte er. «Manchmal ist es erfrischend und erhebend, und manchmal ist es anstrengend und gefährlich. Aber du darfst es auf keinen Fall mit der Erfahrung des Nirwana und der Erleuchtung verwechseln. Anders als die Erfahrung des Nirwana wird das Reisen in andere Dimensionen dich nicht aus der Sphäre des Leidens hinausbringen, und es wird dir auch nicht helfen, die grenzenlose Ekstase der Schöpfung zu erfahren. Tatsächlich hat das interdimensionale Reisen mit der Erleuchtung überhaupt nichts zu tun.

Wenn du erleuchtet bist, kannst du Ekstase in jeder Dimension und zu jeder Zeit erleben», rief Meister Fwap aus. «Erleuchtung ist nicht daran gebunden, wo sich dein körperlicher oder dein astraler Leib gerade befinden, genausowenig wie sie an irgendeine Erfahrung gebunden ist, die du vielleicht mit diesen Leibern machst. Erleuchtung liegt jenseits aller Dimensionalität. Wie könnte sie sonst bleibende Befreiung von Sorgen verschaffen? Sie wäre nur eine weitere, vergängliche Erfahrung, die schließlich in Sorge enden müßte, so wie es alle anderen menschlichen Erfahrungen am Ende tun.

Das ist der Grund, warum es sich wirklich lohnt, nach Erleuchtung zu streben», stellte Meister Fwap bestimmt fest. «Sie ist das einzige, das dir dauerhaftes Glück schenkt. Wenn du die Ekstase, den Frieden und die Vollkommenheit des endlosen und formlosen Lichtes der Erleuchtung erlebst, hat alles seine Richtigkeit. Du bist glücklich und frei; du kennst das Leben.

Wenn du erst einmal erleuchtet bist, kannst du tun, was immer du willst, ohne Angst oder Sorgen zu empfinden. Du kannst dich dafür entscheiden, Karriere zu machen oder in einem Kloster zu leben; du kannst mit deinem Snowboard in die Berge gehen, heiraten, allein bleiben, im Leben reich und berühmt werden oder unerkannt in einer Höhle des hohen Himalaya leben. Das ist allein deine Sache.

Wenn dein Geist durchflutet ist vom reinen Licht des Nirwana, dem Glück selbst, wirst du an allem Freude haben, was immer dir zu tun auch einfallen mag.

Aber ohne die Erleuchtung ist alles im Leben kalt und rauh. Früher oder später siehst du jene sterben, die du liebst, es sei denn natürlich, du stirbst zuerst. Das läßt dich leiden.

Aber wenn du erleuchtet bist, dann erkennst und verstehst du, daß nichts und niemand wirklich stirbt», fuhr Meister Fwap fort. «Im Augenblick des Todes ändert ein Wesen lediglich seine Form. Wenn du erleuchtet bist, weißt du, daß alles und jedes, einschließlich deiner selbst, für alle Zeiten existiert.

Mit diesem Wissen ausgerüstet, fürchtest du den Tod nicht länger, und du empfindest nicht mehr solchen Kummer, wenn die, die du liebst, sterben. Wenn du erst einmal persönlich die Erleuchtung erfahren hast, wirst du über den Ozean des Todes hinaus auf die zeitlosen Gestade der Unsterblichkeit blicken.

Wenn du erleuchtet bist und deinen Geist mit den tiefsten und ältesten Teilen des universalen Geistes vereint hast, berührt dich das Leiden nicht mehr so, wie es die anderen Menschen berührt. Natürlich wird dein körperlicher Leib weiterhin Schmerz empfinden, wenn du dich verletzt, aber nicht einmal schwerste körperliche Schmerzen können dich dann noch überwältigen, denn dein Geist wird erfüllt sein von Licht, Liebe und Verständnis.»

Meister Fwap hielt inne und schloß die Augen. Gleichzeitig wurde plötzlich das goldene Licht, das die Luft zwischen uns erfüllte, noch intensiver. Ich konnte weder Meister Fwap sehen noch sonst etwas im Raum. Es war, als habe ich mich in einer Dimension soliden goldenen Lichtes mit Meister Fwap verbunden: Nichts schien mir jetzt noch wichtig zu sein. Mein Geist bildete eine Einheit mit der ganzen Schöpfung. In mir war Frieden.

Dann sprach Meister Fwap zu mir. Seine Stimme schien aus weiter Ferne zu kommen. Zuerst war ich mir nur vage bewußt, daß er sprach. Erst nach einer Weile drang das, was er sagte, ganz in mein Bewußtsein ein.

«Aufgrund deines Karmas aus deinen vergangenen Leben wirst du in diesem Leben erleuchtet werden. Du warst bereits in einer Anzahl deiner früheren Leben erleuchtet. Die Erleuchtung ist dir also bestimmt. Es wird soweit sein, wenn du neunundzwanzig bist.

Aber du mußt dich darauf vorbereiten. Du mußt lernen zu meditieren und dein Denken zum Stillstand zu bringen. Du mußt allen Geltungsdrang und alle Selbstsucht überwinden, indem du anderen dienst. Du mußt deinen Geist reinigen, so daß er der Erleuchtung eine glückliche Wohnstatt bietet.»

Ich prägte mir ein, was Meister Fwap an jenem Tag über die Erleuchtung sagte. Seine Worte berührten etwas, das tief in mir verborgen lag. Nachdem er gesprochen hatte, wußte ich, daß es in meinem Leben vor allem anderen darauf ankam, so wach zu werden wie er – erleuchtet zu werden.

Ich glaube nicht, daß ich viel von dem, was er mir an jenem Tag erklärte, wirklich verstand. Aber während er sprach, konnte ich das Licht und die Weisheit hinter seinen Worten spüren.

Manchmal konnte ich fühlen, daß er mit dem vollkommensten Teil der Existenz in Verbindung stand, und das reichte mir.

Sein Hinweis auf meine Zukunft beeindruckte mich eigentlich nicht besonders.

Er sprach davon, wie es in meinen vergangenen Leben gewesen war, an die ich mich nicht mehr erinnern konnte, und was mir in einer Zukunft bevorstand, die sich noch nicht ereignet hatte. Ich hörte seine Worte, aber ich habe ihnen wohl keinen besonderen Glauben geschenkt. Es war allerdings nicht so, daß ich etwa vom Gegenteil überzeugt gewesen wäre. Ich war eher gleichgültig; ich konnte einfach nichts mit meiner vergangenen und zukünftigen Erleuchtung anfangen. Das war nicht mein Spiel.

Aber Meister Fwaps sonstige Bemerkungen zum Thema Erleuchtung, das um ihn herum sichtbare goldene Licht und die Art und Weise, wie es meinen Geist in eine

Welt vollkommener Gefühle, vollkommener Empfindungen und vollkommenen Verstehens versetzt hatte, all das hatte an jenem Tag eine ungeheure Wirkung auf mich. Ohne zu ahnen, wie oder warum, «wußte» ich einfach, daß das, was er mir erzählte, der Wahrheit entsprach.

Meister Fwap beantwortete noch einige weitere Fragen, die ich zu diesem Thema hatte, und dann war plötzlich die Zeit des Sonnenuntergangs gekommen. Irgendwie war das goldene Licht, ohne daß ich etwas davon bemerkt hatte, aus dem Zimmer verschwunden, und wir beide saßen uns schweigend gegenüber. Der Tee war kalt geworden.

* * *

Meister Fwap entließ mich am Tor seines Tempels, und ich lief durch die engen Straßen von Katmandu zurück zur Jugendherberge. Alles, was ich auf dem Weg sah, schien zu strahlen und wellenartige Schwingungen von Licht abzugeben, nicht so hell wie das Licht, das ich um Meister Fwap herum wahrgenommen hatte, sondern zarter und gedämpfter.

Wenn ich die Häuser betrachtete, an denen ich vorbeikam, konnte ich sehen, daß sie in Wirklichkeit aus tanzenden Energieteilchen bestanden. Ich wußte jetzt, daß die Welt nicht wirklich so festgefügt war, wie es den Anschein hatte.

Auf meinem Gang durch die kalten, dunklen Straßen Katmandus fühlte ich mich nicht besonders körperlich. Vielmehr hatte ich das Gefühl, reine Bewegung zu sein, ein Gefühl, das ich sowohl vorher als auch seither bei den seltenen Gelegenheiten empfand, wenn ich ohne jedes Bewußtsein meiner selbst mit dem Snowboard eine Abfahrt nahm.

Ich schlief gut in dieser Nacht und träumte vom Schnee, der auf die Berge des Himalaya fiel.

ZWÖLFTES KAPITEL

Du bist das Board

In der restlichen Woche bekam ich Meister Fwap nicht mehr zu Gesicht. Während ich zu eis- und schneebedeckten Himalayagipfeln hinaufwanderte und von ihren einsamen Höhen mit dem Snowboard hinabfuhr, dachte ich über unsere Gespräche nach, über die Erleuchtung. Jeden Morgen ließ ich mich per Anhalter mit in die Berge nehmen und stieg auf einen schneebedeckten Paß. Dann fuhr ich mit dem Snowboard den Berg hinunter, stieg wieder hinauf und fuhr aufs neue hinab.

Meister Fwap hatte mich am Tor seines Tempels verabschiedet, ohne zu erkennen zu geben, wo oder wann wir uns wiedersehen würden. Aber daß es zu einem Wiedersehen kommen würde, war mir auf unbestimmte Weise bewußt. Ich beschloß, mich ans Snowboardfahren zu halten und das Wann und Wo unserer nächsten Begegnung ihm zu überlassen.

Sechs Tage nach unserer Trennung traf ich ihn unerwarteterweise auf der Spitze eines Berges wieder. An jenem Tag hatte ich drei Stunden dafür gebraucht, auf der Suche nach perfektem Schnee einen besonders schwierigen Paß zu besteigen. Nachdem ich die Paßhöhe erreicht hatte, war ich vor Erschöpfung zusammengebrochen.

Als ich im kalten Schnee auf dem Rücken lag, mit schweren Atemzügen die dünne Bergluft in meine Lungen hinein- und wieder herauspumpte, schloß ich meine Augen und hörte auf das Pochen meines Herzens. Dann spürte ich ganz unvermittelt eine Präsenz, so als starre mich jemand an. Ich öffnete die Augen, und zu meiner großen Überraschung stand Meister Fwap direkt über mir. Er blickte mit einem gewaltigen «Ich-weiß-etwas-das-du-nicht-weißt»-Lächeln auf mich herab.

Geräuschlos setzte er sich neben mich. Ich lag da oben auf dem schneebedeckten Berggipfel, keuchte vor Erschöpfung und war atemlos und unfähig, mein Staunen über unser unverhofftes Zusammentreffen auszudrükken. Ein paar Minuten später, als sich mein Atem endlich wieder beruhigt hatte, gab ich meiner Überraschung Ausdruck.

«Meister Fwap! Was tut Ihr hier oben? Wie konntet Ihr wissen, daß ich von all den Gipfeln des Himalaya gerade auf diesem sein würde? Wann seid Ihr hierhergekommen? Seid Ihr mir gefolgt, oder habt Ihr mich hier bereits erwartet?»

«Ich warte schon seit etwas über einer Stunde auf dich», erwiderte Meister Fwap. «Da dies genau der richtige Berg für diesen Tag ist und da ich genau das richtige Karma habe, wußte ich, daß du herkommen würdest.»

Bevor ich ihn unterbrechen und weitere Fragen stellen konnte, fuhr er fort: «Heute werde ich dich in der Kunst der rechten Lebensführung unterrichten. Um dein Leben richtig zu gestalten, mußt du natürlich richtig handeln. Leben heißt Handeln und Handeln heißt Leben. Wenn die beiden eins werden, wird dein Leben vollkommen sein.

Nach der Rae-Chorze-Fwaz-Methode lernst du die rechte Lebensführung durch die Vervollkommnung all deiner Taten. Wenn du alles, was du tust, vervollkommnest, dann wirst du begreifen und wissen, was vollkommenes Leben ist. Hast du erst irgendeine beliebige Handlung zur Vollkommenheit gebracht, dann wird es dir relativ leicht fallen, diese Kenntnis auf andere Handlungen, die du ausführst, zu übertragen. Und schließlich wirst du in der Lage sein, alles, was du tust, zu vervollkommnen.

Es spielt wirklich keine Rolle, welche Handlung ich dich als erstes zu perfektionieren lehre», fuhr er fort. «Es kann jede beliebige Handlung sein, denn die grundlegenden Prinzipien, die für die Vervollkommnung einer Handlung eine Rolle spielen, sind für alle Handlungen die gleichen.

Daher habe ich beschlossen, dich die Perfektionierung der Handlung zu lehren, die dir am meisten Freude bereitet», sagte er mit schelmischem Lächeln. «Ich bin heute hier auf die Spitze dieses Gipfels gekommen, um dir beizubringen, wie man mit einem Snowboard von diesem Berg in vollkommener Weise abfährt.»

Jetzt saß ich in der Falle, das wußte ich. Während die Wiedergeburten und die geheimen Lehren der Mysterienschule des tantrischen Buddhismus mich nicht wirklich sonderlich berührten, war es mit dem Snowboardfahren etwas anderes. Snowboardfahren bedeutete mir alles. So unwahrscheinlich es auch erschien, daß Meister Fwap mir beibringen konnte, wie ich in vollkommener Weise Snowboard fuhr, beschloß ich auf der Stelle, daß ich, falls er es konnte, ein für allemal sein Schüler werden würde.

Ich nahm unwillkürlich Haltung an und konzentrierte mich auf das, was er sagte. Ich wollte kein einziges Wort davon versäumen.

«Um etwas in vollkommener Weise zu tun, darfst du nicht im mindesten daran denken, was du tust», stellte er in festem, förmlichem Tonfall fest. «Deine Gedanken sind es, die die Unvollkommenheit in deinen Handlungen hervorrufen. Sie entfremden dich von der wahren Realität jeder Handlung, die du ausführst.

Gedanken haben natürlich ihren Platz in deinem Leben, aber es sollte nur ein sehr winziger Platz sein. Um etwas wirklich zu beherrschen, um seine Vollkommenheit zu erkennen und Teil jener Vollkommenheit zu werden, mußt du selbst zu der Handlung werden, die du zu vervollkommnen anstrebst.

Das wird für dich nicht schwer zu verstehen sein, wenn du dir einmal irgendeine deiner Handlungen anschaust. Zum Beispiel kommst du den Berg hinunter, indem du auf deinem Board durch den Schnee reitest. Dein Weiterkommen durch den Schnee beruht sowohl auf deinem Geschick im Gebrauch deines Boards als auch auf deiner Kenntnis des Berges und des Schnees, der ihn bedeckt. Wenn du weißt, wie sich dein Board auf verschiedenen Arten von Schnee verhält und auf verschiedenen Geländetypen, und wenn du mit deinem Board ‹eins› bist, dann wirst du diese Handlung – den Berg auf deinem Snowboard hinunterzufahren – in vollkommener Weise ausführen.»

«Aber ich weiß bereits, wie ich das bewerkstelligen kann, Meister Fwap. Ich bin sicher, daß es noch viel zu lernen gibt, aber bisher ist es mir noch immer gelungen, jeden Berg, auf dem ich es jemals versucht habe, erfolgreich mit dem Snowboard zu befahren.»

«Ja, du hast viel erreicht», erwiderte Meister Fwap. «Ich habe dich in den vergangenen Tagen ohne dein Wissen beobachtet. Ja, es ist wahr. Du bist recht weit gekommen, aber von Vollkommenheit ist dein Snowboardfahren noch weit entfernt.»

Ich respektierte Meister Fwaps Ansichten, und die Vorstellung, daß er mir in den vergangenen Tagen nachspioniert hatte – obwohl ich mir nicht sicher war, ob ich glauben sollte, daß er mich tatsächlich beobachtet hatte –, störte mich wirklich nicht, aber ich sah immer noch nicht, wie er mir beibringen wollte, es in meiner Snowboardtechnik zur Vollkommenheit zu bringen. Da er selbst kein erfahrener Snowboardsurfer war, konnte er doch unmöglich mehr über das Snowboarden wissen als ich.

Meister Fwap muß meine Gedanken gelesen haben, denn er sprach meine Befürchtungen jetzt direkt an. «Du fragst dich, wieso ich dir zeigen kann, etwas auf vollkommene Weise zu tun, obwohl du der Experte und ich der Neuling bin. Dafür gibt es zwei Gründe: der erste ist, daß ich erleuchtet bin, und der zweite ist, daß ich die Grundsätze einer vollkommenen Handlung kenne.

Weil ich erleuchtet bin, kann ich das Wesen einer Sache auf Anhieb sehen, wenn ich will», sagte er lachend. «Ich weiß um ihre Vollkommenheit, wenn ich mich nur ein ganz klein wenig damit beschäftige. Und da ich außerdem die Grundsätze der vollkommenen Handlung in anderen Bereichen kenne, kann ich diese Grundsätze auf das Snowboardfahren oder jede andere Aktivität übertragen, wie es mir beliebt.

Ich will es dir zeigen», fuhr er fort. «Darf ich einmal dein Board haben?»

Ich gab Meister Fwap mein Snowboard. Es war mir nicht klar, wie er es benutzen wollte, denn er hatte nicht die richtigen Stiefel dazu an. Aber Meister Fwap schien das nichts auszumachen. Er stellte sich aufs Snowboard, stieß sich mit dem Fuß sachte im Schnee ab, um in Fahrt zu kommen, und begann die Abfahrt den Berg hinunter.

Ich war mir sicher, daß Meister Fwap sofort vom Snowboard herunterspringen würde, wenn er erst einmal in Fahrt war und erkannte, wie vertrackt der Hang war, der vor ihm lag. Wir standen oben auf einem Gipfel. Das Gefälle war beinahe senkrecht. Ich war mir noch nicht einmal sicher, ob ich selbst diesen Berg unversehrt hinunterkäme. Wenn *ich* mir schon – bei all der Erfahrung, die mir zur Verfügung stand – nicht sicher war, ob ich diesen Berg mit dem Snowboard bewältigen konnte, wie konnte Meister Fwap sich dann daran wagen und hoffen, sein Abenteuer zu überstehen? Ich wandte mich um und sah ängstlich zu, wie Meister Fwap mein Snowboard über die Kante des Gipfels lenkte und die gefährliche Fahrt geradewegs den Abhang hinunter begann.

Ich erwartete immer noch, daß Meister Fwap vom Board abspringen würde. Aber nein, dort unten – inzwischen mehr als hundert Meter unter mir –, fuhr Meister Fwap in vollkommener und eleganter Weise auf meinem Snowboard den Berg hinunter, auch wenn ihm die richtigen Stiefel dazu fehlten.

So etwas hatte ich mein Lebtag noch nicht gesehen. Er ritt auf meinem Snowboard, als habe er jahrelang nichts anderes getan. Seine Haltung war vollkommen. Ich merkte, daß ich laut auflachte, während ich ihm zusah, wie er durch den tiefen Pulverschnee wedelte.

Ungefähr auf halbem Weg den Berg hinunter machte Meister Fwap einen sehr hohen Sprung, und dann hob er mit dem Snowboard regelrecht ab. Zuerst dachte ich, er würde den Sprung nicht überleben. Er war über einen Vorsprung gefahren, und da war nichts mehr außer tausend Metern sehr dünner Luft zwischen ihm und dem eisbedeckten Fels weit unter ihm.

Einen Augenblick lang hing er einfach in der Luft,

getragen vom Schwung seines Sprunges. Ich wußte, daß schon in wenigen Sekunden die Schwerkraft seine Schußbahn ändern und er seinem sicheren Tod auf dem felsigen Grund dort unten entgegenstürzen würde.

Und dann passierte das Allerunglaublichste. Meister Fwap und mein Board begannen in der Luft aufzusteigen und kamen zurück auf den Berg.

Wie vom Donner gerührt sah ich zu, wie er geradewegs hinauf zum Gipfel des Berges, wo ich stand, durch die Luft flog. Er schwebte. Es war unglaublich. Ich traute meinen Augen nicht, bis er direkt neben mir stand und mir ruhig mein Snowboard zurückgab.

«Meister Fwap!» rief ich aus. «Wie habt Ihr das gemacht?»

«Es war ganz einfach», erwiderte er mit einem verhaltenen Lächeln. «Ich bin einfach eins geworden mit dem Board. Ich bin das Board geworden. So war es mir möglich, den Berg hinunterzufahren, ohne zu stürzen.»

«Ja, das war erstaunlich», gab ich zu, «Eure Haltung war vollkommen. Aber das ist es nicht, was ich meine. Wie seid Ihr durch die Luft geflogen und hierher zurückgekommen? Ihr seid geschwebt. Wie habt Ihr das gemacht?»

«Ach das», erwiderte er ohne jeden Anflug von Stolz auf diese Leistung in seiner Stimme. «Das ist etwas schwieriger zu erklären, fürchte ich. Mein Meister, Fwaz Shastra-Dup, hat es mir beigebracht. Aber es bedarf vieler Jahre harter Arbeit, um die Technik zu erlernen.

Für die buddhistischen Meister, die auf ihren Reisen große Entfernungen zurücklegen mußten, war es vor der Erfindung des Automobils und des Flugzeugs eine recht brauchbare Fortbewegungsweise. Aber heutzutage ist es viel einfacher, mit dem Auto zu fahren oder sich ein Flugticket zu kaufen, als zu lernen, auf diese Weise zu reisen», sagte er mit herzlichem Lachen.

«Ich fürchte, in der modernen Welt lohnt sich die Anstrengung, diese Technik zu erlernen, nicht mehr. Aber es ist beeindruckend, wenn man es zum erstenmal sieht, nicht wahr?»

«Ja», erwiderte ich, immer noch sprachlos von dem Unglaublichen, dem ich gerade beigewohnt hatte.

«Meister Fwap, würdet Ihr mir das beibringen?»

«Das könnte ich», entgegnete er, «aber wie ich bereits sagte, bedarf es vieler Jahre, um diese Technik zu erlernen. Es ist viel einfacher, die modernen Fortbewegungsweisen zu benutzen. Ich reise inzwischen meist mit dem Auto oder dem Flugzeug.»

«Aber, Meister Fwap», protestierte ich. «Es wäre mir fürs Snowboardfahren hier im Himalaya oder auf anderen unzugänglichen Bergen sehr von Nutzen. Ich brauche den halben Tag dafür, um auf einen Berg zu steigen, nur um danach eine Abfahrt von vielleicht fünfzehn oder zwanzig Minuten zu genießen!»

«Die Bewegung tut dir gut», versetzte er mit breitem Lächeln. «Und wie ich schon sagte, lohnt es die Mühe nicht länger, diese Techniken zu erlernen. Aber wenn ich dir das Schweben heute auch nicht beibringen will, so will ich dir doch zeigen, wie man eine Handlung auf vollkommene Weise durchführt. Ich habe das alles gerade getan, um dir zu zeigen, daß ich das Zeug dazu habe, dich im Snowboardfahren zu unterweisen. Habe ich dich überzeugt?»

Er hielt inne und blickte mich einen Augenblick lang ernst an. Ich wußte zuerst nicht, was ich sagen sollte. Dann antwortete ich: «Natürlich habt Ihr das; ich bin überzeugt. Aber muß ich mir den Schädel rasieren und eine ockerfarbene Robe anlegen, um von Euch zu lernen?»

«Nein, bestimmt nicht!» rief er aus. «Ich fürchte, meine buddhistische Kleidung ist für einen westlichen Schüler des tantrischen buddhistischen Yoga nicht angemessen.

Am besten kleidest du dich ganz natürlich, so wie du es jetzt auch tust. Du trägst dein Haar so, wie du willst. Ich fürchte, daß die Erscheinungsweise eines traditionellen Buddhisten für dich in deiner westlichen Kultur keine positiven Auswirkungen hätte. Man würde es mißverstehen, würde dich auslachen.»

«Was bedeutet denn Eure Erscheinungsweise für jemanden, der hier im Fernen Osten aufgewachsen ist, Meister Fwap?»

«Es ist schwierig, das jemandem zu erklären, der nicht in einer buddhistischen oder hinduistischen Gesellschaft aufgewachsen ist», erwiderte er. «Ich will nur soviel sagen, daß die Tracht und Erscheinung eines Buddhisten jedem Mönch Respekt verschafft. In meinem Kulturkreis weiß jedes Mitglied der Gesellschaft, daß die Mönche oder Meister keine gewöhnlichen Menschen sind. Sie haben beschlossen, etwas sehr Schwieriges zu tun – nämlich dem Pfad der Erleuchtung zu folgen.

In meiner Kultur haben sich die klügsten und unternehmungslustigsten jungen Menschen traditionsgemäß für diesen Weg entschieden. Hier im Fernen Osten ist das Studium des Yoga vergleichbar mit dem Besuch einer eurer besten Universitäten im Westen, etwa Harvard oder Oxford, oder einer Karriere als kühner Forschungsreisender, als Astronaut, der sich in die entlegenen, unbekannten Regionen des Weltraums hinauswagt.

Im Fernen Osten gilt die Ausbildung zum Mönch als körperlich streng und intellektuell anspruchsvoll», fuhr Meister Fwap mit seiner Erklärung fort. «Als Mönch lernst du, deinen Geist ganzheitlich zu entwickeln, alle Ängste zu überwinden, spontan und kreativ zu sein, und, was das Wichtigste ist, du erwirbst die Fähigkeit, in unbekannte Dimensionen des Geistes vorzudringen und – davon geadelt und demütig zugleich – erfolgreich von diesen Reisen in das Zentrum des Universums zurückzukehren.

Wenn du dich auf traditionelle buddhistische Weise kleiden würdest, würdest du damit den Respekt, den wir hier genießen, nicht einfach in den Westen verpflanzen. Im Westen gelten buddhistische Mönche als Kuriositäten. Die meisten Westler halten uns für die kläglichen Überreste einer verarmten Dritte-Welt-Gesellschaft, die an Überzeugungen festhält, die durch die zeitgenössische Wissenschaft längst überholt sind. Ich fürchte, so sieht im Westen das stereotype Bild eines fernöstlichen Mönchs aus: Er hat einen kahlrasierten Schädel, trägt eine ockerfarbene Robe und ist für die Welt der Gegenwart nicht länger von Bedeutung. Genau so sehen wir, mit großen, westlichen Augen betrachtet, aus.

Du kleidest dich besser so, wie du es jetzt tust, und konzentrierst dich auf dein Yoga. In deiner Gesellschaft beeindruckt man die Menschen durch akademische Grade, Geld und Ruhm. Ich empfehle dir, alles drei zu erringen und fleißig deine Yogaübungen zu machen. Dann wirst du eines Tages, wenn du unsere alten Yogapraktiken an die Jugend des Westens weitergibst, respektiert und bewundert werden. Und dann werden deine Schüler im Westen, weil du reich und berühmt bist und einen Doktortitel hast, mit großem Interesse hören, was du ihnen über das Yoga des tantrischen Buddhismus zu sagen hast.»

Ich wußte nicht, was ich darauf antworten sollte. Ich hatte mich noch nicht einmal entschieden, ob ich zum College gehen wollte, ganz zu schweigen von einem Doktorgrad. Ich fand auch, daß meine Chancen, reich und berühmt zu werden, recht klein waren, es sei denn, das Snowboardfahren wäre plötzlich eine olympische Sportart geworden und ich hätte für Sportprodukte oder ähnliches werben können. Schweigend wartete ich darauf, daß er wieder an unser Gespräch über das Snowboardfahren anknüpfte.

«Das Geheimnis, irgend etwas auf vollkommene Weise zu tun, liegt im Üben und im Werden», fuhr Meister Fwap nun fort. «Das ist alles, was dazugehört, wirklich. Du mußt dich im Lernen üben. Du mußt üben, ein Gefühl für eine Tätigkeit zu bekommen, einen Sinn für das Spektrum der Möglichkeiten und der möglichen Erfahrungen, die dir eine Handlung eröffnen kann.

Bis zu einem gewissen Grad hast du das mit deinem Board bereits erreicht. Aber was du noch nicht gelernt hast, ist das Werden und das Sein. Das ist der nächste Schritt deiner inneren Erziehung.

Du siehst dich immer noch als etwas von deinen Handlungen Getrenntes», erklärte Meister Fwap. «Das ist jedoch unzutreffend. Wenn du durch dein drittes Auge nach innen schauen könntest, so wie ich es kann, dann würdest du sehen, daß du im Inneren ‹eins› bist mit allen Dingen, mit allen Taten, mit jeder Untätigkeit und mit allen Sphären möglichen Seins.

Das Nirwana – die Erleuchtung – ist alles, was wirklich existiert. Seine Kraft ist überall und in allem. Deine Augen können sie nicht sehen, deine Ohren können sie nicht hören, deine Nase kann sie nicht riechen, deine Zunge kann sie nicht schmecken, dein Körper kann sie nicht festhalten und spüren, aber dennoch ist sie da.

Nirwana und Erleuchtung existieren jenseits deiner Sinneswahrnehmungen und deiner Gedanken.

Um etwas auf vollkommene Weise zu tun, mußt du dich mit der Kraft der zweiten Aufmerksamkeit und des Nirwana verbünden», sagte Meister Fwap. «Wenn du das kannst, ist fast nichts unmöglich, sei es das Schweben, sei es das vollkommene Snowboardfahren, sei es die Erleuchtung selbst.

All dies erfährst du durch Meditation», fuhr er fort. «In der Meditation, wenn deine Gedanken zum Erliegen kommen, wirst du leer. Wenn du leer bist, zieht sich dein Geist in sich selbst zurück, und du durchschaust die Illusionen der materiellen Welt.

Die Dinge sind nicht immer so, wie sie erscheinen. Die Welt, die du um dich herum wahrnimmst, scheint so festgefügt zu sein. Aber in Wirklichkeit besteht die körperliche Welt, wie dir jeder Physiker bestätigen wird, aus bewegter Energie. Alle Materie ist Energie.»

«Aber, Meister Fwap», protestierte ich. «Ich verstehe immer noch rein gar nichts. Wie könnt Ihr ein Gesetz der Physik brechen, so wie Ihr es gerade getan habt, als Ihr den Berg hinaufgeflogen seid?»

Meister Fwap antwortete mit einem Lachen. Er grinste mich an. «Weil mir das Wissen von den nichtkörperlichen Dimensionen zur Verfügung steht. Ich trete in diese Dimensionen ein und aus und benutze sie, um Dinge zu tun, die mir hier in dieser Welt sonst unmöglich wären.

Die astralen Dimensionen gewähren dir – wenn dich

ein Meister korrekt unterwiesen hat, wie man in sie hinein- und wieder hinausgelangt und wie man sich in ihnen verhält – ungeahnte Möglichkeiten der Erkenntnis. Du kannst etwas über die Natur ihres Aufbaus und ihr Zusammenspiel erfahren. Das Astrale ist der tragende Pfeiler der körperlichen Dimension.

Dein Verständnis der astralen Dimensionen», fuhr Meister Fwap in förmlichem Ton fort, als halte er einen Vortrag vor einem wissenschaftlichen Komitee, «kann dir dabei helfen, Strukturen in den körperlichen Dimensionen zu verändern. Alle Siddhikräfte beruhen auf den astralen Dimensionen.

Wenn du deinen feinstofflichen Körper tatsächlich beherrschst, kannst du dich in den astralen Welten ungehindert bewegen», sagte er sehr energisch. «Denk daran, die astralen Welten sind die Verbindungskorridore zur Ewigkeit.

Jenseits der astralen Dimensionen beginnen die kausalen Dimensionen», fuhr Meister Fwap fort. «Die kausalen Dimensionen sind nicht räumlich oder zeitlich orientiert. Es sind Ebenen des Lichtes, und sie bilden die äußeren Grenzen des Nirwana. Deine Erfahrungen in den kausalen Dimensionen vermitteln dir das Wissen von Zeit, Raum, Dimensionalität und von allem, was jenseits dieser Dinge liegt.

Denk daran», sagte Meister Fwap zusammenfassend, «daß ich dir heute lediglich kurz skizziere, wie das Universum funktioniert. Das kann bestenfalls ein grober

Umriß der Realität sein. Da es so gut wie unmöglich ist, das, worüber wir reden, in Worte zu kleiden, werden meine Erklärungen dir wohl übermäßig theoretisch vorkommen. Als säßest du in der Vorlesung eines Universitätsprofessors, der über Quantenmechanik spricht. Das mag anfangs verwirrend sein, und du begreifst vielleicht nicht sofort, was all die Theorie, die du lernen sollst, mit dem Anwendungsproblem zu tun hat, um das es dir geht.

Du mußt dir aber darüber im klaren sein, daß der Plan eines Bauwerks nur eine Skizze auf dem Papier ist und noch nicht das Bauwerk selbst. Und doch enthält der Plan schon alle für die Errichtung des Baus notwendigen Grundlagen. Und natürlich brauchen wir, sobald das Bauwerk selbst vollendet ist, den Plan nicht mehr.

Für die Praxis bedeutet das», fuhr Meister Fwap fort, «daß du aus dem Snowboardfahren, wenn du es auf vollkommene Weise betreiben willst, vollkommenes Yoga machen mußt. Das ist es, was ich Achtsamkeit nenne. Es ist die direkte Anwendung der Lehren des tantrischen Buddhismus auf ein körperliches Ereignis, auf die Art und Weise, etwas zu tun oder zu vervollkommnen, oder auf die Art, etwas zu bedenken, zu betrachten.

Tantrisches Yoga heißt nicht nur dazusitzen und sich ganz der Meditation zu überlassen», sagte Meister Fwap mit plötzlichem Nachdruck. «Zwar ist die formale Meditationspraxis sicherlich ein wichtiger Teil des tantrischen Buddhismus, aber zum tantrischen Yoga gehört es ebenso, alle Aktivitäten und Erfahrungen des täglichen Lebens in Meditation zu verwandeln.»

«Meister Fwap, bitte korrigiert mich, wenn ich mich irre. Ihr meint also, daß Ihr mich über die Erleuchtung belehren werdet, indem Ihr mir zeigt, wie man auf vollkommene Weise Snowboard fährt. Ist das richtig?»

«Ja», erwiderte er rasch, «das ist richtig. Aber um auf vollkommene Weise Snowboard zu fahren, mußt du auch zu meditieren verstehen.»

«Gibt es denn eine Wechselwirkung zwischen Meditation und körperlichen Ereignissen? Oder bedeutet meditieren, einfach dazusitzen und in erleuchteter Glückseligkeit umherzuschweifen?» fragte ich.

«Ja und nein», erwiderte Meister Fwap. «Meditation ist die Fähigkeit, in einen vollkommenen Geisteszustand einzutreten. Gleichzeitig ist es die Fähigkeit, körperliche Dinge auf harmonische Weise zu tun; es ist ein Weg, in einer aus dem Gleichgewicht geratenen körperlichen Welt seine Mitte zu bewahren.

Im tantrischen Buddhismus lernen wir, auf zweierlei Weise zu meditieren. Zuerst lernen wir dazusitzen und uns auf unsere Chakras zu konzentrieren und unsere Gedanken ersterben zu lassen. Dann, wenn unser Geist leer ist, können wir in die Astraldimensionen reisen, in die Kausaldimensionen oder, wenn wir in der Meditationspraxis sehr weit fortgeschritten sind, unseren Geist mit dem Nirwana selbst vereinen.

Der zweite Weg, auf dem wir im tantrischen Buddhismus zu meditieren lernen, besteht im Trainieren der Achtsamkeit», erklärte er. «Achtsamkeit bedeutet, in einem Zustand der Leere körperliche Dinge auf vollkommene Weise zu tun, bewußt ‹eins› zu werden mit der körperlichen oder verstandesmäßigen Aktion, mit der wir gerade beschäftigt sind, welche auch immer das sein mag.

Du wirst feststellen, daß es dir sehr viel leichter fallen wird, das Prinzip der Achtsamkeit anzuwenden, wenn du deine Meditation besser beherrschst», sagte Meister Fwap. «Du wirst außerdem feststellen, daß umgekehrt die Anwendung der Achtsamkeit – körperliche oder verstandesmäßige Dinge auf vollkommene Weise zu tun – dir helfen wird, deine tägliche Meditationspraxis zu verbessern. Mit einem Wort», schloß Meister Fwap, «wird dein Snowboardfahren vollkommen sein, wenn du begriffen hast, daß du das Board bist. Aber solange du dich selbst als etwas von deinem Snowboard Getrenntes wahrnimmst, als jemand, der auf dem Board steht oder sein Board lenkt, wird dies nicht eintreten.

Wenn du versuchst, dein Board zu steuern», sagte er, «dann schaffst du eine unnötige, begriffliche Trennung zwischen dir selbst und deinem Snowboard. Das wird dazu führen, daß deine Handlungen unbeholfen und unvollkommen bleiben. Aber wenn du das Board *bist*, dann wirst du – das Board – dich selbst auf vollkommene Weise lenken. Du – das Board – wirst am besten wissen, was du kannst und was du nicht kannst.»

Meister Fwap änderte seine Sitzposition auf dem

Schnee ein wenig. «Die meisten Menschen machen im Leben den Fehler, ihr Leben zu *denken*, statt es zu *leben*. Sie glauben, daß sie darüber nachdenken müssen, was sie tun, wer sie sind und auf welche Weise sie tun, was sie tun. Wer so an das Leben herangeht, bringt aber keine vollkommene Handlung hervor. Vielmehr wird er Geltungsdrang und Selbstgefälligkeit entwickeln. Die Menschen, die ihr Leben *denken*, statt es unmittelbar zu leben, gehen automatisch davon aus, daß sie immer genau wissen, wie alles gemacht werden muß.

Aber wenn wir erst einmal erkannt haben, daß wir *sind*, was wir tun», fuhr Meister Fwap fort, «dann werden wir uns eher vom Tun einer Sache leiten lassen als in geltungssüchtiger Weise zu versuchen, unsere eigenen Emotionen unvollkommen zu lenken.»

Ich muß etwas verwirrt dreingeblickt haben, denn Meister Fwap lachte gutmütig und machte eine kurze Pause, bevor er seine Erklärung fortsetzte.

«Wenn du zum Beispiel auf deinem Snowboard einen Berg hinunterfährst, mußt du entscheiden, wie du dein Board lenkst. Aber ob du dir nun dessen bewußt bist oder nicht, dein Board besitzt ein ihm innewohnendes Wissen seiner eigenen Möglichkeiten, denn es besteht genauso wie du aus vernünftiger Energie.

Im tantrischen Buddhismus», fuhr er fort, «nennen wir dieses allen belebten und unbelebten Objekten innewohnende Wissen ihre ‹Leere›. Es ist buddhistischer Glaube, daß alle Dinge, Erfahrungen und Menschen von

Hause aus leer sind. Und das ist nichts anderes als eine andere Ausdrucksweise dafür, daß alle körperlichen und nichtkörperlichen Dinge eine andere Seite haben, eine Seite, die sinnlich nicht wahrnehmbar und dem Verstand nicht zugänglich ist, eine Seite, die nur intuitiv erkannt und erfahren werden kann durch die Entleerung des eigenen Geistes von allen Gedanken, Urteilen und Annahmen über das Leben und dessen Funktionsweise.

Normalerweise», erklärte Meister Fwap, «beschäftigen wir uns nur mit der körperlichen Seite einer Sache. Mit dieser Seite werden wir vertraut, wenn wir wollen. Aber, um ehrlich zu sein, ist die körperliche Seite einer Person, eines Tieres, einer Pflanze, eines Dinges oder eines Ortes nichts im Vergleich zu ihrer nichtkörperlichen Seite.

Nimm mich zum Beispiel.» Meister Fwaps Stimme hallte von den Bergen wider. «Du kannst meinen körperlichen Leib mit deinen Augen sehen. Aber mein körperlicher Leib ist nichts im Vergleich zu meinem nichtkörperlichen Leib.

Mein nichtkörperlicher Leib ist der Teil von mir, der ewig lebt. Er ist alt und kompliziert. Er hat bereits zahllose Leben sowohl in dieser als auch in anderen Welten durchlebt.

Er weiß Dinge und kann Dinge vollbringen, von denen du keine Ahnung hast. Aber wenn du mich mit deinen Augen ansiehst, dann siehst du nur meine körperliche Seite, und du unterschätzt mich vielleicht.

Du warst sehr beeindruckt, als ich vor ein paar Minuten auf deinem Snowboard wieder auf den Gipfel dieses Berges zurückkam. Das habe ich mit Hilfe meines nichtkörperlichen Leibes – meines feinstofflichen Leibes – und mit meiner innersten Leere bewerkstelligt.

Versuche immer daran zu denken, daß du dich selbst von den Dingen trennst, wenn du über sie nachdenkst. Aber wenn du leer bist – wenn dein Geist zur Ruhe gekommen ist und Frieden mit dem Universum hat, wenn er sich von allen Gedanken befreit hat –, dann wirst du selbst ganz Meditation. Dann verbindest du dich bewußt mit der Kraft, die in allem ist, was dich umgibt, und wirst zu einem Teil davon.

Jedes Ding weiß, was für es selbst das Beste ist!» rief Meister Fwap aus. «Das genau bedeutet das Sanskritword ‹Dharma›. Dharma heißt: die beste aller möglichen Handlungen.»

Ich muß wohl wieder etwas verstört gewirkt haben, denn er hielt erneut inne und fragte mich, ob ich seine letzte Ausführung verstanden hätte. Ich gestand ihm meine Verwirrung ein, und daraufhin schwieg er für einige Minuten. Dann sprach er wieder zu mir, aber in mäßigerem Tempo.

«Ich will es noch einmal für dich zusammenfassen», begann er. «Wenn wir unser Leben nur mit unseren begrenzten, von der Vernunft gesteuerten Gedanken erfassen und mit unserer Sinneswahrnehmung zu lenken versuchen, dann werden unsere Handlungen und unsere

Tätigkeiten nicht vollkommen sein. Aus buddhistischer Sicht kann man nicht grundsätzlich davon ausgehen, daß man immer weiß, was das beste ist.

Wenn wir uns die Zeit nehmen zu meditieren und uns von unseren Gedanken zu befreien, verbinden wir uns direkt mit der unseren Handlungen und Erfahrungen innewohnenden Leere. Wenn wir das tun, verschmilzt unsere nichtkörperliche Seite mit der nichtkörperlichen Seite dessen, was wir erfahren.

Wenn dies erst einmal geschehen ist, werden unsere Handlungen und Erfahrungen uns leiten. Mit anderen Worten, wir werden angeleitet von der Leere, die denjenigen Dingen innewohnt, mit denen in Wechselwirkung zu treten wir uns entschließen.

Wenn du eines Tages in deinen Meditationsübungen weit genug fortgeschritten bist, wirst du erkennen, daß du im Zustand der Leere selbst die Handlung bist und nicht mehr derjenige, der die Handlung ausführt. Denk daran, daß die Ausführung einer Handlung, die Tätigkeit oder das Ereignis selbst immer wichtiger sein müssen als dein eigener Standpunkt. Das ist der Weg des tantrischen Buddhismus. Erlaube der Leere, die den Handlungen und Erfahrungen innewohnt, deine Entscheidungen zu lenken und zu formen. Laß dich, den Täter, von deinen Taten leiten, nicht umgekehrt.

Bevor du mit einer Handlung beginnst», wies Meister Fwap mich weiter an, «befreie dich zunächst von den Gedanken daran, was du zu tun gedenkst. Dann laß dich von der Leere leiten, die dem innewohnt, was du dich zu tun anschickst. Statt dich von deinem Ich leiten zu lassen und zahllose Fehler zu begehen, mußt du zulassen, daß du selbst von den unsichtbaren Grundsätzen des Universums, die im Zentrum deiner Handlungen liegen, geleitet wirst. Dann wird das, was du dich zu tun entscheidest, einen vollkommenen Energiefluß aufweisen, und in all deinen Bewegungen wird Anmut und Kraft liegen. Vom Stand des tantrischen Buddhismus aus ist dies eine vollkommene Handlung.»

Meister Fwap machte wieder eine Pause von einigen Minuten und ließ mir Zeit, über seine Erklärung nachzudenken. Dann sprach er weiter.

«Jetzt wirst du auf deinem Board den Berg hinunterfahren. Aber zuerst mußt du deinen Geist beruhigen. Gestatte dann der Leere in deinem Board, dich zu leiten. Laß sie zu deinem Willen werden. Denk daran, du *bist* das Board. Dann wird deine Fahrt den Berg hinunter zu einer vollkommenen Handlung werden. Versuch es.»

Ich dankte Meister Fwap für seinen Diskurs über die Leere und die vollkommene Handlung und stieg auf mein Board. «Vollkommene Handlung», dachte ich bei mir selbst. Dann schloß ich die Augen und versuchte, meinen Geist von allen Gedanken zu befreien. Aus irgendeinem Grund war das auf dem Gipfel dieses himalayaischen Berges nicht schwierig. Plötzlich war ich von Energie durchflutet und konnte förmlich spüren, wie mich die Kraft – das, was Meister Fwap die Leere des

Berges genannt hatte – durchströmte. Ich hatte keine Gedanken mehr und war doch ganz Bewußtsein.

Ich öffnete die Augen und ließ mein Snowboard fahren. Es war ich, und ich war es. Ich glitt den Berg hinab, schnitt ohne jede bewußte Bemühung meinerseits durch den körnigen Pulverschnee. Es war genauso, wie Meister Fwap es mir beschrieben hatte: Mein Board und der Berg wußten besser als ich, wie sie zusammenwirken mußten. Ich überließ es ihnen und genoß die Abfahrt. Es war die vollkommenste Fahrt meines Lebens.

Als ich unten angekommen war, erwartete mich Meister Fwap bereits mit einem «Ich-habe-es-dir-ja-gesagt»-Lächeln. Wortlos machten wir uns zusammen an den Abstieg zur Straße hinunter.

DREIZEHNTES KAPITEL

Geschichten vom Pulverschnee

Ich verbrachte die nächsten Tage allein, surfte mit meinem Snowboard die Berge hinunter und praktizierte Meister Fwaps «Methode der Leere», um meine Technik zu vervollkommnen. Es bedurfte einigen Experimentierens, aber nach einer Reihe von Abfahrten bekam ich langsam ein Gefühl dafür, daß ich Teil meines Snowboards war und daß mein Snowboard eine Verlängerung meiner selbst darstellte. Schnell wurde ich immer besser.

Während dieser wenigen Tage erlebte ich einige der schönsten Augenblicke meines Lebens. Aber ich wurde mir zeitweilig auch meiner unglaublichen Einsamkeit bewußt.

Dieses Gefühl der Einsamkeit war mir schon immer sehr vertraut gewesen. Ich hatte nie irgend jemanden ganz im speziellen vermißt. Es war immer ein eher vages Gefühl der Ungewißheit gewesen, ein quälendes und unerfülltes Sehnen nach einem undefinierbaren Zustand, der sich gehörig von dem unterschied, in dem ich mich gerade befand.

Gewöhnlich kam mir immer ein oder zwei Stunden vor Sonnenuntergang meine Einsamkeit zu Bewußtsein. Das Gefühl überkam mich stets ganz unerwartet, und es schien nicht durch irgendein besonderes Phänomen ausgelöst oder an ein solches geknüpft zu sein.

Ich war vielleicht stundenlang glücklich Snowboard gefahren, wenn dann ganz plötzlich dieses Gefühl in mir hochkroch. Oft tauchte es auch im Zusammenhang mit anderen Gefühlen der Enttäuschung oder Verzweiflung auf.

Es fing immer auf die gleiche Weise an: Ich merkte, daß ich nicht mehr lächelte. Dann, während die Empfindung stärker wurde, fühlte ich mich zunehmend von dem, was um mich herum geschah, oder von dem, was ich gerade körperlich tat, wie abgekoppelt. Ich führte diese Gefühle gewöhnlich auf die körperliche Erschöpfung und die große Höhe zurück. Aber mir fiel auf, daß sie mich jeden Tag, den ich in den Bergen verbrachte, ungefähr zur gleichen Zeit überkamen, ganz gleich, wie lange ich in der Nacht zuvor geschlafen hatte.

Ich kannte dieses Phänomen bereits vom Snowboardfahren in Nordamerika, aber hier im Himalaya waren die Gefühle der Einsamkeit in den ein oder zwei Stunden vor Sonnenuntergang noch viel ausgeprägter.

Bis zum späten Nachmittag genoß ich das Alleinsein gewöhnlich. Aber wenn ich meine letzte Abfahrt von einem Berge unternahm, überkam mich meist etwas, was ich bei mir selbst die «kosmische Einsamkeit» nannte.

Ich hatte dem Gefühl den Spitznamen «kosmische Einsamkeit» gegeben, weil die Empfindungen, die ich während dieser Zeitspanne erlebte, von fast räumlicher

Dimension waren. Wenn die Gefühle besonders intensiv waren, kam es mir vor, als erstreckte sich meine geistige Wahrnehmung über meinen Körper und diese Welt hinaus in etwas unendlich viel Kraftvolleres, als würden meine persönlichen Empfindungen überschattet durch etwas, das ich bestenfalls als «außerweltliche» Gefühle bezeichnen konnte.

* * *

Die Wolkenschicht über dem Himalaya verdichtete sich spätnachmittags meist, und der Himmel nahm fantastische Tönungen von Pink, Magenta, Lavendel und einem sanften Rosa an. In Augenblicken solch unglaublicher weltlicher Schönheit stand ich oft oben auf einem einsamen Gipfel und ließ meinen Blick über die schneebedeckten Berge am Horizont schweifen. Aber statt mich von all dieser Pracht, die vor mir lag, mitreißen zu lassen, ergriff mich oft ein unerträgliches Gefühl der Leere und Verzweiflung.

Die Leere, die ich zu diesen Zeiten empfand, war nicht die glückliche und ekstatische Leere, die mir Meister Fwap beschrieben hatte. Oft fühlte ich mich – unter der schieren Last all dieser Empfindungen – wertlos und verloren. Mein natürlicher Impuls bei diesen Gelegenheiten war normalerweise, sofort «die Beine in die Hand zu nehmen», zu schauen, daß ich schnell zur Jugendherberge nach Katmandu zurückkam, und mich dort nach einem netten Mädchen umzusehen, mit dem ich lachen und mir die Zeit vertreiben konnte.

Einige Tage später hatte ich Gelegenheit, Meister Fwap zu der Unstimmigkeit dieser Gefühle zu befragen. Ich war an jenem Tag einen glücklichen Vormittag lang von weiteren namenlosen Bergen des Himalaya mit dem Snowboard abgefahren. Der Pulverschnee war frisch und tief, und eine wunderbare Serie von Abfahrten lag hinter mir. Gerade war ich zur letzten Abfahrt des Tages wieder auf den Berg gestiegen, als ich dort zu meinem äußersten Erstaunen Meister Fwap vorfand, der mich auf dem Gipfel erwartete.

«Meister Fwap!» brach es aus mir heraus. «Was macht Ihr hier?»

«Ich bin hier herausgekommen, um dich zu besuchen», erwiderte er mit einem breiten Lächeln. «Da du dich heute nicht damit zufriedengegeben hast, mit einem schönen Mädchen in einem der vielen malerischen Restaurants von Katmandu zu sitzen – wie es die meisten jungen Männer deines Alters tun würden –, blieb mir nichts anderes übrig, als den Gipfel genau dieses Berges zu erklimmen, um dich in ein Gespräch zu verwickeln.»

«Meister Fwap», fragte ich nachdenklich, «warum fühle ich mich zu dieser Tageszeit oft so einsam? Ich habe in Wirklichkeit nicht den geringsten Grund dazu. Woher kommt dieses Gefühl von Einsamkeit? Ich weiß, daß es ein wenig verrückt klingt, aber irgendwie fühlt es sich noch nicht einmal so an, als wäre es mein eigenes Gefühl.»

Mit einer schnellen Bewegung seiner rechten Hand wischte Meister Fwap den Schnee von einem Stein und setzte sich. Ich ließ mich neben ihm auf meinem Snowboard nieder und machte es mir bequem. Einige Minuten lang sagte er gar nichts, und ich nahm an, er würde über meine Frage nachdenken. Plötzlich begann er zu sprechen.

«Im Leben gibt es vieles zu verstehen», sagte er. «Und wie du gerade zu entdecken beginnst, sind die Dinge nicht immer so, wie sie zu sein scheinen. Nimm verschiedene Tageszeiten zum Beispiel. Allem Anschein nach sollte es doch keine wesentlichen Unterschiede zwischen den verschiedenen Tageszeiten geben, meinst du nicht auch? Es wäre nur logisch, wenn alle Tageszeiten ihrem Wesen nach annähernd gleich wären.

Die Zahlen, die die Menschen den Stunden des Tages zugeordnet haben», setzte Meister Fwap seine Erklärung fort, «und die Namen, die sie den verschiedenen Tageszeiten gegeben haben, wie zum Beispiel Morgen, Nachmittag, Sonnenuntergang, Abend, später Abend oder Sonnenaufgang, sind schließlich nur Worte. Da die Zeit selbst relativ gleichförmig zu sein scheint, anders als die Namen und die Zahlen, die diesen verschiedenen Zeitabschnitten zugeordnet worden sind, sollte es doch wirklich keine Unterschiede der verschiedenen Tageszeiten geben.»

«Aber, Meister Fwap», unterbrach ich ihn, «die Menschen tun zu verschiedenen Zeiten des Tages verschiedene Dinge. Die meisten Menschen stehen morgens auf, arbeiten tagsüber oder gehen zur Schule und schlafen oder feiern nachts.»

«Ja, das ist richtig», erwiderte er mit einem wissenden Lächeln. «Aber es gibt auch Menschen, die nachts arbeiten und während des Tages schlafen. Also, einmal abgesehen von den unterschiedlichen Aktivitäten, denen sich die Menschen zu den verschiedenen Zeiten des Tages oder der Nacht widmen, würdest du doch den eigentlichen Gehalt der Zeit im Verlaufe eines Tages für gleichförmig halten, oder nicht?»

«Ja», erwiderte ich, «das würde ich.»

«Und die meisten Menschen würden dir zustimmen», sagte er mit breitem Lächeln. «Aber in Wahrheit ändert sich die Art der Zeit den ganzen Tag und die ganze Nacht hindurch ständig. Hinter der sichtbaren Welt, die du tagtäglich vor dir siehst, gibt es viele unsichtbare Dimensionen. Und eine große Anzahl dieser Dimensionen steht in Wechselwirkung mit unserer körperlichen Welt.

Einige dieser Dimensionen sind auf bestimmte Räume bezogen», erklärte Meister Fwap. «Mit anderen Worten, sie berühren nur bestimmte geographische Gebiete. Andere Dimensionen sind nur auf bestimmte Zeiten bezogen, weil sie nur mit jenen körperlichen Dimensionen in Wechselwirkung stehen, die sie während bestimmter Zeiten des Tages oder der Nacht erreichen.

Während des späten Nachmittags und des frühen Abends – also ungefähr in den zwei Stunden vor und in den zwei Stunden nach dem Sonnenuntergang – ist eine besondere Dimension mit unserer Welt verknüpft. Diese Dimension kann man sich am besten bildlich vorstellen als eine Folge horizontaler geometrischer Ebenen, die sich von dort, wo du dich zu der betreffenden Zeit des Tages gerade befindest, bis in die Unendlichkeit erstrekken.»

«Aber, Meister Fwap, wie kann das sein? Bedeutet das, daß diese Dimension, weil die Zeit des Sonnenuntergangs im Laufe eines Tages ja ständig um die Erde wandert, ebenfalls ständig den Globus umkreist? Und warum sollte diese Dimension an eine spezielle Tageszeit gebunden sein? Die Tageszeiten werden verursacht durch die Drehung der Erde in bezug auf die Sonne. Warum sollte das irgend etwas mit den Bewegungen einer anderen Dimension zu tun haben?»

Meister Fwap lächelte mir zu. Ich wußte sofort, daß ihm meine wissenschaftlich fundierte westliche Logik ein besonderer Ansporn sein würde. Er wartete einige Augenblicke und schloß die Augen. Dann begann er mit geschlossenen Augen – wie in tiefer Konzentration auf irgend etwas – wieder zu sprechen.

«Das Leben ist magisch. Das mußt du bei jedem Gespräch, das wir über den tantrischen Buddhismus und die buddhistische Sicht des Universums führen, als gegeben betrachten. Die Wissenschaft versucht, die Magie des irdischen Lebens mit Theoremen und Experimenten zu verstehen und zu erklären. Wir als Buddhisten tun das gleiche, aber unsere Theoreme und Experimente dienen dazu, die nichtkörperliche Seite des Lebens zu erklären und zu verstehen. Aber ganz gleich, wer nun versucht, das Universum zu erklären», fuhr er fort, «bleibt doch das Leben – in seinem Innersten – letzten Endes magisch und unerklärlich.»

«Was meint Ihr, wenn Ihr sagt, das Leben sei magisch, Meister Fwap?»

«Ich meine, daß es nicht vollständig erklärt oder logisch verstanden werden kann. Ich weiß, daß man in diesem Zeitalter der Auffassung anhängt, es gebe eine logische Erklärung für einfach alles und jedes, das existiert oder sich ereignet. Weil wir Buddhisten vernünftige Menschen sind, würden wir ebenfalls gerne glauben, daß alles, was in anderen Dimensionen oder in dieser Dimension geschieht, mit Verstand und Logik erklärt werden kann.

Aber in Wahrheit lassen sich eben viele Aspekte des Lebens nicht durch die Logik oder den Verstand erklären. Dem Teil unseres Gehirns, in dem das logische Denken sitzt, fehlt einfach das Vermögen zum Verständnis vieler der Warums und Wies des Seins und des Nichtseins.

Nun mag zwar der denkende und schlußfolgernde Aspekt unseres Geistes nicht in der Lage sein, bestimmte Seiten des Lebens ganz zu verstehen», fuhr Meister Fwap fort, «aber wir verfügen über einen anderen, versteckten Teil unseres Geistes, dem das möglich ist. Im Buddhismus nennen wir diesen verborgenen Teil unseres Verstehens den intuitiven oder höheren Geist.

Der intuitive Geist ist nicht körperlich», stellte Meister Fwap mit Nachdruck fest, als wolle er, daß ich dieser Aussage besondere Aufmerksamkeit schenke. «Er ist kein Teil des Gehirns oder irgendeiner anderen zellulären Struktur des körperlichen Leibs. Er ist ein Teil des Kausalleibs.

Wie ich schon sagte», fuhr er fort, «ist der Kausalleib der Teil einer Person, der ewig lebt. Er ist das, was du die Seele nennen würdest. Er löst sich – anders als der körperliche und der Astralleib – zum Zeitpunkt des körperlichen Todes am Ende einer Lebensspanne nicht auf.

Der Kausalleib ist der älteste, der zeitlose Teil einer Person. Er hat die Fähigkeit, Dinge zu wissen und zu tun, die dem körperlichen Geist und Leib zu wissen und zu tun unmöglich sind.

Du verstehst mich besser, wenn ich dir ein konkretes Beispiel gebe», sagte Meister Fwap mit einem angedeuteten Lächeln. «Das Allerkonkreteste im Universum ist die Materie. Ich bin sicher, du weißt, daß gelehrte Wissenschaftler einiges über die Materie wissen. Sie wissen, daß sie sich aus verschiedenen Elementen zusammensetzt und daß diese Elemente aus besonderen atomaren und subatomaren Strukturen zusammengesetzt sind. Aber wenn man die Materie auch analysieren und ihren Aufbau verstehen kann, so werden die Wissenschaftler doch niemals erklären können, warum die Materie überhaupt existiert.

Das geht dem Buddhismus genauso. Die Buddhisten, die den Okkultismus praktizieren – den wissenschaftlichen Zweig des Buddhismus –, versuchen, die Chemie der Zeit, des Raumes, der Dimensionalität und des Bewußtseins zu verstehen und zu erkunden.

Nun kann man durch das Studium des Okkultismus zwar ein Verständnis für vieles entwickeln: warum die Dimensionen so funktionieren, wie sie funktionieren; woraus das Bewußtsein besteht; wie die verschiedenen Zustände des Geistes miteinander in Verbindung stehen; wie man sich von einem dieser Zustände zum anderen bewegt und so weiter. Aber auch dieses Studium enthüllt uns nicht, warum Bewußtsein und Dimensionen überhaupt existieren.»

«Wozu ist der Okkultismus dann also nütze, Meister Fwap?» Mir wurde langsam kalt, und ich war frustriert. Ich saß auf dem gefrorenen Schnee, und die spätnachmittägliche Temperatur sank rasch. Mir war unbestreitbar kalt. Meister Fwaps Erklärungen hatten mir in keiner Weise meine Gefühle der kosmischen Einsamkeit erhellt. Meines Erachtens verwirrte er die Angelegenheit nur weiter, indem er Dinge ins Spiel brachte, die auch nicht das geringste mit meiner ursprünglichen Frage zu tun zu haben schienen.

Meister Fwap mußte meine Frustration gespürt haben. «Hab Geduld mit mir», sagte er. «Ich muß dir erst einige wenige Hintergrundinformationen geben, damit du zu einer Sichtweise findest, die es dir ermöglicht, meine Antwort auf deine Frage zu verstehen.

Du willst, wie die meisten Menschen deines Alters, immer alles auf einmal wissen. Ich bewundere deinen Enthusiasmus. Aber, um ehrlich zu sein – was ich ja sein muß, da ich ein buddhistischer Mönch bin –, lassen sich die meisten wichtigen Dinge, über die wir im Leben etwas lernen können, nicht unmittelbar verstehen. Manches läßt sich nur im Laufe eines ganzen Lebens, wenn nicht gar mehrerer Leben, richtig begreifen.

Laß uns zum Beispiel betrachten, warum die Bewegung einer nichtkörperlichen Dimension ein Gefühl hervorruft, das du als ‹kosmische Einsamkeit› beschreibst und das du am späten Nachmittag beziehungsweise am frühen Abend in den Bergen erlebst.

Was du Einsamkeit nennst, nenne ich Kraft», sagte Meister Fwap nachdrücklich. «Da ich den buddhistischen Okkultismus bis zu einem gewissen Maße studiert habe, kann ich dir sagen, daß am späten Nachmittag die Dimensionen der Kraft für uns greifbarer und zugänglicher werden.

Weil du über spirituelle Fähigkeiten verfügst, kannst du diese Dimensionen spüren», sagte er und blickte mir plötzlich direkt in die Augen, «selbst wenn du dir über die wahre Natur dessen, was du fühlst, nicht im klaren bist und auch nicht über die Möglichkeiten, die dir diese speziellen Dimensionen der Kraft bieten können.

Ich weiß von diesen Dingen», fuhr er fort, «weil sie mir mein eigener Meister, Fwaz Shastra-Dup, erklärt hat und weil ich das, was er mich gelehrt hat, in meinen eigenen Forschungen und Lebenserfahrungen bestätigt gefunden habe.

Du verfügst über angeborene, spirituelle Fähigkeiten, weil du in vielen deiner früheren Leben meditiert und Yoga praktiziert hast», stellte Meister Fwap sachlich fest. «Du wurdest mit diesen Fertigkeiten in dieses Leben geboren wegen der Entwicklung, die du in deinen früheren Leben genommen hast. Aber da du in einer nichtbuddhistischen Kultur aufgewachsen bist, konnte dir diese Dinge niemand erklären, solange du noch ein Kind warst, konnte dir niemand zeigen, wie du deine dir innewohnenden spirituellen Fähigkeiten entwickeln und verstehen kannst, während du vom Kind zum Jugendlichen und dann zum jungen Mann heranreifst.

Da du über größere spirituelle Fähigkeiten verfügst als die meisten anderen Menschen, kannst du Dinge empfinden, die sie nicht empfinden können. Du spürst es, wenn die Dimensionen zu verschiedenen Tageszeiten in Bewegung geraten. Aber weil du nicht verstehst, was du empfindest, und nicht weißt, wie du mit diesen Gefühlen umgehen sollst, wie du aus ihnen Kraft und höheres Bewußtsein gewinnen kannst, fühlst du dich verwirrt und befremdet.

Das Gefühl, das du als kosmische Einsamkeit bezeichnest», fuhr Meister Fwap geduldig fort, «ist deine emotionale Reaktion auf die Intensität der Dimensionen der Kraft, die am späten Nachmittag präsent sind. Diese speziellen Dimensionen werden oft als räumlich unermeßlich wahrgenommen. Man hat das Gefühl, als würden sie sich in alle Ewigkeit erstrecken, was sie auf gewisse Weise ja auch tun.

Instinktiv reagierst du darauf, indem dir deine eigene Bedeutungslosigkeit bewußt wird. Da du dich nicht mit dieser Unermeßlichkeit angefreundet hast, so wie ich es getan habe, und da du ihre zuträgliche Seite noch nicht verstanden hast, neigst du dazu, auf diese Dimensionen der Kraft zu reagieren, indem du dir klein, unbedeutend, überwältigt und entfremdet vorkommst.

Es ist, als stünde dir die gesamte Unermeßlichkeit des Universums gegenüber», fuhr er fort. «Du hast das Gefühl, als zerschmettere dich diese Unermeßlichkeit da draußen, als zerstöre sie deine Identität. Du reagierst darauf mit Flucht und der Suche nach Schutz, nach irgend etwas Vertrautem – nach einem vertrauten Platz zum Beispiel oder der Gesellschaft anderer, die du gern hast oder denen du vertraust – und willst diese überwältigenden Gefühle ausschließen. Wenn du das geschafft hast, fühlst du dich sicher. Du kannst die Unermeßlichkeit dort draußen vergessen und dich wieder sicher fühlen.

Aber was du nicht gesehen oder verstanden hast»,

sagte Meister Fwap sehr sanft, «ist die unglaubliche Schönheit und die majestätische Kraft, die dir diese dimensionalen Ebenen besonders am späten Nachmittag und frühen Abend zugänglich machen. Eines Tages, wenn du soweit bist, diese Dinge zu sehen und zu verstehen, werden dir die Kraft und die Schönheit dieser Dimensionen zugänglich sein und du wirst sie in dein eigenes Leben holen können.»

«Wie kann ich lernen, dahin zu kommen, Meister Fwap?»

«Manchmal reagieren wir auf Dinge, die wir nicht verstehen, mit Furcht, Verständnislosigkeit und Verwirrung. Die Alternative zu dieser Reaktionsweise ist das Kultivieren einer gesunden Neugier den Dingen, Situationen und Gefühlen gegenüber, die wir nicht verstehen, so daß wir mit Neugier statt Furcht auf sie reagieren können.

Eine gesunde Neugier auf Unbekanntes, die nicht auf Furcht beruht, ist viel wert», sagte Meister Fwap mit breitem Lächeln, «und es ist ebenso wichtig, sich von dem irrationalen Bedürfnis zu befreien, Dinge zu glauben, die vielleicht nicht wahr sind, nur weil wir die Notwendigkeit verspüren, die Dinge im Leben, die wir nicht verstehen, wegzurationalisieren.

Der tantrische Buddhismus glaubt, daß das sichtbare Universum eine Art Drehtür ist, die uns zwischen den unsichtbaren Dimensionen hin- und herbringt», fuhr er fort.

«Viele der unsichtbaren Dimensionen gewähren uns großartige und atemberaubende Einblicke ins Universum. Andere Dimensionen versorgen uns mit Kraft, erhöhen unsere Wahrnehmungsfähigkeit oder vermitteln uns Wissen über unsere früheren Leben. Wieder andere Dimensionen können uns dabei helfen, glücklicher und erfolgreicher zu werden.

Die Menschen erziehen ihre Kinder gewöhnlich dazu, vor Dingen, die sie nicht verstehen, wegzulaufen. Das ist eine alte und schlechte Angewohnheit. Sie bringen ihren Kindern bei, sich vor dem Tod, der Unermeßlichkeit des Lebens und der geistigen Erfahrung zu verstecken, diese Dinge wegzurationalisieren und sich übermäßig vor ihnen zu fürchten.

Wenn die Menschen auf diese Weise leben, verschließen sie sich sowohl den hohen als auch den niederen Frequenzen in ihrem Leben. Das läßt ihnen nur die langweiligen, mittelmäßigen Erfahrungen des alltäglichen Lebens, die sie für sicher erachten. Auf diese Weise reduziert sich die Welt der menschlichen Erfahrungen auf eine Welt der Ernährung, der Plackerei für den Lebensunterhalt, der Reproduktion und der beständigen Abwehr des Unbekannten.

Aber einige von uns werden mit einem anderen Karma geboren!» rief er. «Wir können es nicht dabei bewenden lassen, nur die weltlichen Aspekte des Lebens zu erfahren. Wir müssen sowohl die hohen als auch die niederen Frequenzen der Existenz spüren, weil alle Frequenzen der Existenz, die wir in der äußeren Welt vorfinden, unterschiedlichen Frequenzen in uns selbst entsprechen.

Alles, was du um dich herum siehst, existiert irgendwo innerhalb deines Geistes. In deinem Geist sind alle Frequenzen des Lebens angelegt. Du mußt sie nur zum Schwingen bringen. Wenn wir uns gestatten, in freier und vernünftiger Weise alle höheren Frequenzen des Lebens zu erfahren, erleben wir Gefühle des Wohlbefindens und des Glücks. Wenn wir zu viele Schwingungen aus dem niederen Bereich des Lebens aufnehmen, werden wir unglücklich, deprimiert, selbstzerstörerisch und unnötigerweise gewalttätig gegen uns selbst und andere.

Das Leben ist ein empfindliches Gleichgewicht zwischen den magischen Mächten der Schöpfung und den magischen Mächten der Zerstörung», fuhr Meister Fwap fort. «Der Hauptgrund dafür, daß die meisten menschlichen Wesen so unglücklich sind, liegt darin, daß sie sich den komplexeren und schöneren tonalen Bereichen der Existenz verschlossen haben. Um wahrhaft glücklich zu sein, müssen wir die Synthese zwischen den hohen, den mittleren und den niederen Frequenzen finden, die das Leben uns bietet, müssen ein Gleichgewicht zwischen den Frequenzen herstellen.

Die meisten Menschen führen ihr Unglücklichsein auf die einzelnen Elemente ihres Lebens zurück», sagte Meister Fwap mitleidig. «Wenn sie unerfüllt sind, dann glauben sie, dies habe seine Ursache darin, daß sie nicht den richtigen Beruf oder die richtige Stelle haben, nicht genug Geld besitzen oder nicht den richtigen Geschlechtspartner gefunden haben. Sie glauben, daß sie glücklich wären, wenn das Universum sich nur nach ihren Wünschen richten und ihnen alles geben würde, was sie begehren.

Aber ein menschliches Wesen kann nicht glücklich sein, ganz gleich, ob es reich, arm oder irgend etwas dazwischen ist, solange es sich von der Magie der Schöpfung abschneidet. Die Menschen der Gegenwart haben den Sinn des Lebens mit Wissenschaft und Logik wegerklärt – ohne ihn auch nur ansatzweise erklärt zu haben. Und was sie nicht wegerklären konnten, haben sie beschlossen, entweder zu ignorieren oder als unwichtig oder irrelevant abzutun.

Wann immer eine Gesellschaft sich dazu entschließt zu ignorieren, was sie für Unvereinbarkeiten oder ungelegene Aspekte des Lebens hält, wirst du feststellen, daß es zu sexueller Obsession und oft zu Gewalt kommt. Daß wir es nicht schaffen, in positiverer und einsichtsvollerer Weise mit allen Bereichen des Lebensprozesses umzugehen, ist meistenteils ein Zeichen psychischer und geistiger Neurose.

Das Leben ist heilig», rief Meister Fwap fröhlich aus. «So etwas wie Sünde gibt es nicht. Es gibt nur Ignoranz, und die kann leicht mit innerem Wissen kuriert werden.

Vom Standpunkt des Buddhismus aus kommt es darauf an, sich nicht vor der Unermeßlichkeit und der Magie des Lebens zu fürchten», fuhr er mit feierlicher Stimme fort. «Darin unterscheidet sich der tantrische Buddhismus von den meisten anderen Überlieferungen der verschiedenen menschlichen Gesellschaften. In unseren Praktiken akzeptieren wir alles. Wir lernen von den Wissenschaften der physikalischen Welt, den Künsten und dem weiten Feld menschlicher Erfahrungen. Und wir erfreuen uns daran.

Versuche nicht, dich vor der Unermeßlichkeit dessen zu verstecken, was du zur Zeit des Sonnenuntergangs empfindest», riet er mir. «Erkunde es und lerne davon. Statt die Gefühle, die du zu jener Zeit des Tages empfindest, einfach als ‹schlecht› und ‹unbehaglich› zu etikettieren, solltest du deinen Geist mit ihnen verschmelzen lassen und eins mit ihnen werden.

Die großen buddhistischen Lehrmeister der Vergangenheit haben sichere, effektive und ausgeklügelte Methoden der Meditation entwickelt, mit deren Hilfe sich unser Geist in die astralen und kausalen Dimensionen begeben kann. Wenn du erst die geheimen Meditationsmethoden des Ordens erlernt hast, kannst du jede dimensionale Ebene ohne Furcht oder Vorurteil mit deinem Geist erforschen.

Indem du dich in Meditation und Achtsamkeit übst», führte Meister Fwap weiter aus, «kannst du in aller Ruhe lernen, die unterschiedlichen Schwingungsbereiche des Universums zu erfahren. Schließlich wirst du lernen, diese Schwingungen in deinem eigenen Geist wieder und wieder neu miteinander in Verbindung zu bringen. Die endlosen Kombinationen, die diese Schwingungen bilden können, sind Teil der unendlichen Anzahl von Ekstasen, die ein erleuchteter buddhistischer Meister jeden Tag erlebt.»

* * *

Interdimensionale Schneestürme

Ich fragte Meister Fwap, ob er mir auf etwas physikalischere Weise die «niederen und höheren Frequenzen» erklären könne, von denen er gesprochen hatte. Ich meinte, einiges von dem zu verstehen, was er mir erläutert hatte, aber Teile seiner Erklärung kamen mir immer noch schwer verständlich, wenn nicht gar völlig unverständlich vor.

«Meister Fwap, könntet Ihr mir etwas mehr über diese hohen und niederen Frequenzen erzählen?»

«Ja, natürlich, aber zuerst will ich dir ein Mantra aufsagen, das all dies zusammenfaßt. Es ist unsere tibetische Relativitätstheorie. Einstein drückte seine Relativitätstheorie in Form einer Gleichung aus. Er sagte: ‹$E = mc^2$.› In Tibet drücken wir es etwas anders aus. Wir sagen: ‹Om Mani Padme Hum.›»

«Was bedeutet das, Meister Fwap?»

«Es bedeutet, daß die Erleuchtung in allen Dingen existiert. Das ist die tibetische Relativitätstheorie.

Alles, was außerhalb von uns existiert, existiert auch in uns», erklärte Meister Fwap. «Das ist eines der großen Mysterien des Lebens. Erleuchtung – also die Essenz und die Verbindung von Unendlichkeit und Ewigkeit – existiert hier und jetzt in deinem eigenen Geist und Herzen.

Wie ich dir schon erklärt habe, läßt sich die Erleuchtung nicht beschreiben; sie kann nicht in Worten mitgeteilt werden. Welche Ausdrücke man auch benutzt, bei dem Versuch zu erklären, was der Erleuchtung nahe kommt: Keiner von ihnen trifft es genau.

Natürlich kann man die Erleuchtung umschreiben. Ich kann sagen, daß es die höchste Ekstase ist, das vollkommenste Glück, die tiefste Erfahrung des Friedens und all dessen, was im Leben gut und vollkommen ist. Aber das sind alles nur Phrasen ... denn keine Beschreibung der Erleuchtung – ganz gleich, wie einfach, wie komplex oder elegant sie auch sein mag – kann dir deren Erfahrung vermitteln.

Wenn aber auch Worte nicht dazu geeignet sein mögen, die Erfahrung der Erleuchtung zu vermitteln, so sind sie doch nützlich, um einige der Meditationstechniken und Methoden zu beschreiben, die man benötigt, um die Erleuchtung erfahren zu können.»

«Meister Fwap, ich verstehe immer noch nicht ganz, was das alles mit den verschiedenen Gefühlen zu tun hat, die ich in meinem Leben erfahren kann. Mir ist auch nicht klar, wieso die Erleuchtung und all die zahllosen Dimensionen, die, Eurer Aussage zufolge, existieren, gleichzeitig sowohl in uns als auch außerhalb von uns sein können.»

«Gut, gut», erwiderte er. «Darauf wollte ich gerade zu sprechen kommen.» Er rutschte ein wenig auf seinem Fels hin und her und nahm dann plötzlich eine ganz aufrechte Haltung an. «Die bereits erwähnten hohen und niederen Frequenzen sind die zahllosen dimensionalen Ebenen des Lichts und der Dunkelheit, die sowohl in uns als auch außerhalb von uns existieren. Es gibt eine vollkommene Wechselbeziehung zwischen den inneren und den äußeren Welten. Sie entsprechen einander.

Wie ich schon sagte, ist das Leben ein Mysterium», fuhr er fort. «Ich kann dir nicht erklären, warum das so ist, genausowenig, wie ich dir erklären kann, warum die Sonne am Himmel steht oder warum wir oder irgend etwas von alldem hier überhaupt existiert. Ich weise dich lediglich auf einige Dinge hin, die ich durch die Praxis des tantrischen Buddhismus erfahren und kennengelernt habe; auf Dinge, die dir vielleicht nicht bewußt sind.

Damit du aber die Frequenzen des Lebens vollständig verstehst», merkte Meister Fwap an, «mußt du zunächst verstehen, daß alle Existenz aus Schwingungen besteht, aus vernünftigem Licht.

Es gibt viele Typen von innerem und äußerem Licht, und sie schwingen in verschiedenen Frequenzen», erklärte er. «Je schneller die Schwingungen des Lichtes sind, desto ekstatischer ist die Erfahrung dieses Lichtes.

Der eigentliche Trick im Leben», stellte Meister Fwap

fest, «besteht darin, bewußt deine Schwingungsfrequenz zu verändern, sie heraufzusetzen. Jeder von uns kommt mit einer bestimmten Schwingungsrate auf die Welt. Man könnte sagen, daß wir alle intelligente Energie sind, die mit einer bestimmten Geschwindigkeit schwingt.

Jeder von uns wird als ein besonderes Energiemuster geboren», stellte Meister Fwap schlicht fest. «Unser Energiemuster ist durch unsere Erfahrungen aus früheren Leben geprägt, hat Veränderungen durchgemacht und Zusätze erfahren.

Warum jeder von uns gerade sein besonderes Energiemuster hat, ist ein Geheimnis. Es ist uns in dieser Welt nicht zugänglich. Ich weiß nur, daß wir schon immer in Form dieser Muster existiert haben und es immer tun werden. Unsere Muster sind veränderlich, aber sie lassen sich nicht vollständig austauschen.»

«Warum ist das so, Meister Fwap?»

«Die Warums des Lebens sind nicht Sache des Praktikers des buddhistischen Yoga. Sie sind Sache des Philosophen. Die Praktiker des buddhistischen Yoga wollen wissen, wie das Universum arbeitet; sie studieren die Feinheiten seiner Strukturen, und mit dem Wissen, das sie aus ihren Studien beziehen, sind sie fähig zu einer direkten Erfahrung von Ekstase und Erleuchtung, die weit über die intellektuellen Abstraktionen der Philosophen hinausgeht.

Ein Chemiker weiß nicht, warum ein Atom existiert. Das zu wissen ist nicht die Aufgabe des Chemikers. Was er weiß, ist, wie die atomischen und subatomischen Strukturen zusammenwirken, um Moleküle und Elemente zu bilden, und wie die verschiedenen Kombinationen der Elemente neue Substanzen schaffen oder bestehende Substanzen verändern können.

In ähnlicher Weise weiß ein Meister des buddhistischen Yoga nicht, *warum* das Universum so funktioniert, wie es funktioniert; aber er weiß eben, *wie* es im einzelnen funktioniert. Mit diesem Wissen kann er jede Erfahrung oder Situation, ganz gleich, wie obskur, schwierig oder schmerzvoll sie sein mag, in etwas Positives und Erleuchtetes verwandeln.»

«Meister Fwap, vielleicht könnt Ihr mir nicht erklären, ‹warum› die Energiemuster, die wir selbst sind, existieren, aber könnt Ihr mir nicht wenigstens etwas mehr von ihnen erzählen?»

Meister Fwap lächelte mich eigenartig an und erwiderte: «Im buddhistischen Yoga teilen wir die verschiedenen Energiemuster der empfindenden Wesen in Seelentypen ein. Die Wesen, die die Universen und Dimensionen bevölkern, bilden eine fast endlose Reihe von schwingenden Seelentypen. Die spezielle Schwingungsrate eines spezifischen Seelentyps ist die Ursache dafür, daß die Wiedergeburt in einem speziellen Universum und auch in einem speziellen Körpertyp erfolgt.»

«Wenn ich Euch recht verstehe, wären also die Seelentypen der Hunde einander ähnlich, und die Seelentypen, die den menschlichen Wesen zu eigen sind, wären einander auch ähnlich, zumindest was ihre Schwingungsfrequenzen anbelangt. Aber die Seelentypen der Hunde und der Menschen sind sehr unterschiedlich. Ist das richtig?»

«Ja», erwiderte er. «Genau. Die Hunde haben einen spezifischen Seelentyp und die menschlichen Wesen einen anderen. Es gibt natürlich auch noch sehr viel subtilere Unterschiede, zwischen den Seelentypen der verschiedenen Hunderassen zum Beispiel und innerhalb einer einzigen Rasse zwischen denen der einzelnen Hunde.»

Ich war plötzlich ganz aufgeregt. Ich dachte, ich hätte Meister Fwap endlich verstanden. «Das bedeutet dann also, daß die Unterschiede der Seelentypen innerhalb der Rasse der Terrier zum Beispiel nicht so groß wären wie die Unterschiede zwischen einem Deutschen Schäferhund und einem Chihuahua. Ist das richtig?»

«Akkurat!» entgegnete er. Jetzt sah er ganz so aus wie ein Lehrer, der seinem Schüler schließlich doch noch eine richtige Antwort entlockt hat. «Und alle Seelentypen, die in einer gemeinsamen Dimension inkarniert werden, haben gewisse Ähnlichkeiten miteinander.

Um aber in einer anderen Dimension wiedergeboren zu werden», erklärte er und nahm das Gespräch auf einer elementareren Ebene wieder auf, «muß ein Wesen sich selbst notwendigerweise radikal umstrukturieren, indem es seine Schwingungsrate deutlich ändert; um sich dagegen innerhalb der Dimension zu bewegen, in der die Seele ohnehin wiedergeboren wird, ist keine so radikale Neuordnung der Grundschwingungsrate der Seele vonnöten.»

«Meister Fwap, ich hatte eine Freundin, die sich sehr für Reinkarnation interessierte. Sie meinte, daß jede Seele, wenn sie zum erstenmal aus dem kosmischen Strom erschaffen wird, mit einer grundlegenden Form beginnt, zum Beispiel einem Felsen, und daß sie sich nach und nach durch den Prozeß der Wiedergeburt in Millionen von Leben weiterentwickelt zur Pflanze, dann zum Tier und schließlich als Mensch wiedergeboren wird.

Sie sagte, die Seele finge in jedem Reich, in das sie hineingeboren würde – das der Mineralien, Pflanzen, Tiere und Menschen – auf der untersten Sprosse der evolutionären Leiter an und nehme ganz allmählich durch den Prozeß ständiger Wiedergeburten ihren Weg nach oben. Hätte sie erst einmal den höchsten Grad der Evolution erreicht, der innerhalb eines gegebenen Reiches möglich ist, dann würde die Seele weiterwandern und auf der niedersten Stufe des nächsthöheren evolutionären Reiches wiedergeboren werden.

Sie verglich es mit einer beruflichen Karriere, wo man seinen ersten Job bei einer Firma am Fließband bekommt und sich dann im Laufe seines Lebens in der betrieblichen Hierarchie langsam hinaufarbeitet, bis man vielleicht schließlich im Vorstand der Gesellschaft sitzt. Sie sagte, jede Seele tue das, und letzten Endes erreiche jede Seele die Erleuchtung. Funktioniert die Reinkarnation wirklich auf diese Weise?»

«Nicht ganz», erwiderte er. «Ich weiß, daß dies eine sehr geläufige Erklärung des Prozesses der Reinkarnation ist, aber, um ehrlich zu sein, vereinfacht sie viel zu sehr. Ich glaube, deine Freundin stützte sich da auf die gemeinhin gängige Theorie, wonach jede Seele ihre kosmische Reise durch die Reinkarnation in der einfachsten Form des Lebens beginnt. Später nimmt gemäß dieser Theorie jede Seele höher entwickelte Inkarnationen in verschiedenen Körpern ein und bewegt sich dabei zu immer höheren Evolutionsstufen hin. Und schließlich erreicht jede Seele den höchsten Grad der Inkarnation, wird erleuchtet und löst sich wieder im Nirwana auf. Das war wahrscheinlich die Theorie, auf die sie anspielte.»

«Aber wenn es sich so nicht verhält, wie dann, Meister Fwap?»

«Normalerweise gehören wir von Anfang an zu einem bestimmten Seelentyp, und dabei bleibt es auch für alle Ewigkeit», erwiderte er. «Wir entwickeln uns innerhalb der Grenzen dieses Seelentyps weiter, aber wir wechseln den Seelentyp nicht; wir entwickeln lediglich den Seelentyp weiter, der uns von vornherein zu eigen ist.»

Jetzt war ich verwirrt. Er hatte mich wieder einmal abgehängt. «Meister Fwap, ich verstehe das nicht. Warum sollten wir für alle Ewigkeit den gleichen Seelentyp haben? Warum sollen wir uns nicht im Verlauf der Reinkarnationen weiterentwickeln und schließlich alle die Erleuchtung erlangen?»

«Weil wir uns daran gewöhnen, der zu sein, der wir sind, und weil es uns immer wieder zu einer Reinkarnation in die Dimension zurückzieht, die wir gewohnt sind», erwiderte er mit herzlichem Lachen. «Unser Seelentyp ist unsere grundlegende Struktur», fuhr Meister Fwap fort, «wir verwachsen mit ihm. Es fällt uns sehr schwer, ihn zu wechseln, weil wir, um das zu tun, im wörtlichen Sinne das viellebige Wesen auslöschen müßten, das zu sein wir uns angewöhnt haben. Das ist der Grund, warum so wenige Seelen im Kosmos jemals die Erleuchtung erlangen. Sie verwachsen mit dem Seelentyp, den sie darstellen, und genauso mit der Dimension, in der sie wiedergeboren werden.»

«Meister Fwap, jetzt habt Ihr mich völlig verwirrt», sagte ich aufgebracht. «Ich habe gedacht, jeder würde die Erleuchtung erlangen, wenn er nur eine ausreichende Anzahl von Inkarnationen durchlaufen hätte. So hat es mir meine Freundin erzählt.»

«Nein», erwiderte er mit einem cherubischen Lächeln und einem leisen Kichern, «das ist für gewöhnlich nicht so. Und jetzt, wenn du mir gestattest, werde ich dich noch ein wenig mehr verwirren.»

Meister Fwap war eine Weile still. Er schien seine Gedanken zu sammeln; vielleicht wollte er mit dieser Kunstpause auch nur eine dramatische Atmosphäre schaffen.

«Mein junger Freund», begann er schließlich, «es hat nie eine Zeit gegeben, in der du und ich nicht existiert haben, und ebensowenig wird es eine Zeit geben, in der wir nicht existieren.

Das gilt nicht nur für uns, sondern für alle empfindenden Wesen, die in allen sich weithin erstreckenden Universen existieren, welche zusammen die Ewigkeit ausmachen.

Stell dir das Leben als einen Schneesturm vor. So weit das Auge reicht gibt es nichts als schönen, weißen Schnee. In meinem Vergleich ist jede Seele wie eine Schneeflocke in dem endlosen weißen Schneesturm der Unendlichkeit.

Die Winde des Karma», führte er weiter aus, «wehen jede Seele hin und her, von einem Leben zum nächsten, innerhalb des immer gleichen, endlosen, weißen, interdimensionalen Schneesturms.

Für einen kurzen Augenblick leben wir in dieser Welt, dann dreht der Wind unseres Karmas, und wir werden in ein anderes Leben geblasen, in einen anderen Teil des gleichen Sturms verweht.

Fast alle Seelen bleiben bei ihrem Seelentyp», fuhr er fort. «Natürlich entwickeln sie sich weiter oder retardieren von Lebensspanne zu Lebensspanne, beschleunigen oder verlangsamen ihre grundlegende Schwingungsrate gemäß den Taten, die sie in jeder von ihnen durchlaufenen Inkarnation vollbringen, und den Gedankenformen, an die sie sich halten.

In seltenen Fällen gibt es Seelen, die sich bewußt eine neue Richtung geben und sich neu formen, ihren Typus wechseln, während ihr tiefstes inneres Wesen dasselbe bleibt. Wenn sie das Wissen, die Kraft und den Willen haben, das zu tun, dann können sie ihren Seelentyp bewußt viele, viele Male wechseln, während sie die endlosen interdimensionalen Schneestürme der Ewigkeit durchmessen.

Um erleuchtet zu werden», erklärte Meister Fwap, «ist es notwendig, daß sich eine Seele Tausende von Malen neu formt. Das ist es, worum es im höheren buddhistischen Yoga wirklich geht. Es ist die Wissenschaft, innerhalb eines inkarnierten Leibes die Seele neu zu formen und ebenso in den Bardos, wenn die Seele zwischen den Inkarnationen weilt.

Wenn du die Wissenschaft der Neuformierung erlernst und anwendest, dann kannst du deinen Seelentyp sogar in deiner jetzigen Lebensspanne wechseln – du behältst in deinem Leben allerdings die dir gegebene körperliche Gestalt bei. Erst zum Zeitpunkt deines Todes ergäben sich auch Auswirkungen auf deine leibliche Gestalt; deine Seele würde dann ihre Neigungen ändern, und du würdest in einer anderen Dimension wiedergeboren werden. Du wärst dann unter Seelentypen, die dem Seelentyp ähnlich sind, zu dem du dich neu geformt hast.

Ich will es für dich zusammenfassen», sagte Meister Fwap mit ernstem Blick. «Nur sehr wenige Wesen finden die Erleuchtung. Damit meine ich, daß nur sehr wenige

Seelen die Neigung, das Wissen und die Kraft dazu haben, ihre innere Bindung an die Form und die Dimension, in der sie so lange Zeit hindurch so viele Male gelebt haben, zu überwinden. Um erleuchtet zu werden, muß eine Seele ihre innere Bindung an ihre vertraute Form und Dimension transzendieren und im Laufe von Zehntausenden von Inkarnationen eine ganze Reihe von Restrukturierungen durchmachen, bis die Seele schließlich in einem erleuchteten Seelentyp wiedergeboren wird. Dann muß sie die Übung und die Disziplin aufbringen, sich noch weiter über diesen Seelentyp hinaus zu entwikkeln und zum Nirwana zu werden, welches natürlich jenseits aller Seelentypen und Restrukturierungen liegt.

Versuche folgendes zu verstehen», sagte er mit besorgter Miene. «Ein erleuchteter Seelentyp zu sein oder die Erleuchtung zu erlangen, ist nicht besser als irgend etwas anderes zu sein oder zu tun. Es ist eine persönliche Wahl, die die Essenz deines Wesens betrifft aus Gründen, die uns in dieser Welt notwendigerweise unbekannt bleiben müssen.

Wichtig ist einzig und allein», fuhr er fort, «an das obere Ende des Spektrums deines Seelentyps und deiner augenblicklichen Dimension zu gelangen. Dann wirst du glücklich sein. Die Erleuchtung zu erlangen ist nicht alles, denn alles ist Erleuchtung.

Alle Seelen sind in ihrer innersten Essenz erleuchtet», setzte er die Erklärung fort. «So wie eine einzige deiner Körperzellen die gesamte DNS deiner Spezies enthält, so gibt es auch in jeder Seele, ganz gleich, zu welchem Seelentyp sie gehört, eine Art geistiger DNS. Und in dieser geistigen DNS liegt die Erleuchtung. Das Ziel des Lebens und der Reinkarnation besteht nicht in der Erleuchtung, sondern einfach darin, zu sein und das Leben ganz zu leben und in alle Ewigkeit endlose Erfahrungen zu machen.

Vielleicht reizt dich die Erfahrung der Erleuchtung. Wenn das der Fall ist, dann wirst du lernen, dich selbst in aufsteigender Folge schwingender Seelentypen neu zu formen. Wenn das dein Schicksal ist, dann ist es gleichzeitig Herausforderung und Glück, weil du schließlich im Gegensatz zu den meisten anderen Wesen das Nirwana direkt erfahren wirst und als Folge davon eine Ekstase kennen und erleben wirst, die jenseits aller Ausdrucksmöglichkeiten liegt.

In einem interdimensionalen Schneesturm hat keine Schneeflocke eine bessere Reise als die andere. Sie sind zwar verschieden voneinander, aber nicht in dem Sinn, daß sie besser oder schlechter wären. Die Seelen gesellen sich gemäß ihrer Schwingungsrate zueinander. Das ist der Grund, warum diejenigen Seelen, die nach Erleuchtung streben, sich mit ähnlichen Seelen verbinden und noch stärker angezogen werden von erleuchteten Seelen, von denen sie die Kunst der Neuformung lernen können.»

Ich war so damit beschäftigt, Meister Fwaps Erklärungen zur Reinkarnation zu folgen, daß ich nicht einmal bemerkt hatte, daß die Sonne untergegangen war. Plötzlich spürte ich, daß mir eiskalt geworden war.

Im gleichen Augenblick fiel mir ein, daß ich ja noch den Berg hinunterfahren mußte, und zwar bevor es noch kälter und dunkler wurde. Ich wußte, daß es bis zum Eintritt völliger Finsternis nicht mehr lange dauern würde, und ich war mir nicht sicher, ob ich es bis dahin nach unten schaffen würde, selbst wenn ich sofort lossurfte. In Gedanken sah ich schon vor mir, wie ich in einer frostkalten Himalayanacht auf dem Berg festsaß.

«Mach dir keine Sorgen», sagte Meister Fwap, als lese er meine Gedanken. «Ich werde mit dir auf deinem Board hinunterfahren und dich führen.»

Also hielten wir uns aneinander fest, während wir den Berg hinabschossen, geschwind in den tiefen Pulverschnee hinein- und wieder hinauswedelten auf meinem kleinen, einen Meter vierzig langen Snowboard – zwei Schneeflocken, die durch die Ewigkeit eines endlosen, interdimensionalen Schneesturms geweht wurden.

VIERZEHNTES KAPITEL

Hierarchisches versus relationales Snowboardfahren

Meister Fwap und ich hatten den größten Teil des späten Vormittags und des Nachmittags damit zugebracht, einen steilen, felsigen Gebirgspaß zu ersteigen. Das Gelände war schwierig, aber atemberaubend. Oben auf der Paßhöhe ruhten wir uns aus. Nach meiner Schätzung waren wir ungefähr fünfeinhalbtausend Meter hoch. Ich konnte kaum noch atmen.

Ich legte mich rücklings auf den Boden und hörte zu, wie meine Lungen zum lauten Pochen meines Herzens die kalte Bergluft einsogen. Als ich aufblickte, hatte Meister Fwap die Beine gekreuzt, saß sehr aufrecht da und hielt die Augen geschlossen. Sein Atem ging ruhig und gleichmäßig. Sein Gesicht war ernst. Eine Aura funkelnden, goldenen Lichtes umgab seinen Kopf und seine Schultern.

Nach ein paar Minuten begann sich meine Atmung zu normalisieren. Ein scharfer Wind war aufgekommen, der eine frostige Kälte mitbrachte. Ich setzte mich auf und zog mir den Parka zu, den ich erst vor wenigen Minuten geöffnet hatte, weil mir während des Aufstiegs so heiß geworden war.

Es war unheimlich still – bis auf das sanfte Rauschen des Windes, der durch die schneebedeckten Schluchten strich. Rauchige, graue Sturmwolken, die von Nordwesten her aufgezogen waren, verschluckten einen Teil des Lichtes und der Sonnenwärme. Ich wollte Meister Fwap gerade danach fragen, ob er glaube, daß uns ein Sturm bevorstehe, als er unerwarteterweise die Augen öffnete und seinen Blick auf mich richtete.

«Zu dieser Jahreszeit», sagte Meister Fwap in sehr gemessener Weise, «können sich Schneeschauer sehr überraschend einstellen. Aber ich würde mir trotzdem keine Sorgen machen. Ich kenne eine Höhle drüben auf der anderen Seite dieses Passes.»

Nachdem noch einige Minuten verstrichen waren, standen wir auf und folgten dem Weg. Die Szenerie, die sich meinem Auge bot, als wir den Paß überschritten, war atemberaubend. Unmittelbar vor uns fiel der Berg zu einem steilen, mit einem Rhododendronwald bedeckten Tal ab. Ein nebelhafter, rauchartiger Schleier hing über den Wipfeln der gewaltigen Rhododendren und entzog sie beinahe unseren Blicken. Wenn der Nebel sich nicht für einen Moment gelichtet hätte, wäre das Tal unter mir gar nicht zu sehen gewesen. Einen passenderen Ort für die legendäre, untergegangene Zivilisation von Shangrila hätte es nicht geben können.

Jenseits des Tales schien sich der Himalaya in alle Unendlichkeit zu erstrecken. Berge aus ewigem Schnee verschmolzen miteinander, soweit ich blicken konnte.

Das reine Weiß der Szene wurde gelegentlich unterbrochen durch dunkle Felsklippen, die so windgepeitscht waren, daß sie ganz vom Schnee befreit waren und ihren nackten, schwarzen Fels zeigten.

Wir stiegen ungefähr anderthalb Stunden lang ab, setzten auf dem schlüpfrigen, schneebedeckten Boden vorsichtig einen Fuß vor den anderen. Ungefähr auf halber Strecke hinunter zum Rhododendronwald wichen wir scharf nach links vom Weg ab und nahmen von dort aus einen schmaleren Pfad.

Dieser Pfad wand sich in südlicher Richtung um den Berg herum. Nach ungefähr zehn Minuten blieb Meister Fwap stehen und machte eine Pause, augenscheinlich um zu verschnaufen. Dann gingen wir weiter.

In wenigen Minuten waren wir am Eingang einer großen Höhle angelangt. Die Öffnung war ungefähr vier Meter hoch. Hinter dem Eingang der Höhle war nichts als Schwärze. Meister Fwap bedeutete mir mit einer Geste, ihm zu folgen, und vorsichtig betrat ich nach ihm die Höhle.

Nachdem wir ungefähr dreißig Schritte in die Höhle hineingegangen waren, blieb Meister Fwap stehen. Er sagte, ich solle mich umdrehen. Sobald ich mich umgedreht hatte, konnte ich wieder sehen. Etwas Licht fiel von draußen, wo sich an einem Vorsprung rings um den Höhleneingang etwas Schnee gesammelt hatte, in die Höhle herein.

Ich setzte mich rechts neben ihn – auf nackten Fels, wie

ich bald merkte. Der Schnee schien nicht sehr weit in die Höhle hineingeweht worden zu sein. Ich war überrascht, wie warm es hier drinnen war.

Wir saßen einige Minuten lang schweigend da, bevor Meister Fwap zu mir sprach. Es war beinahe ein vertrautes Gefühl für mich, in dieser Höhle zu sitzen. Wenn ich einen langen Tag allein mit meinem Snowboard verbracht habe, meine Ausrüstung eingepackt ist und die Sonne untergeht, blicke ich gewöhnlich noch einmal hinauf zu den Gipfeln, von denen ich den ganzen Tag abgefahren bin, und empfinde dabei ein außergewöhnliches Gefühl des Friedens und des Wohlbefindens. Ich fühle mich entspannt und glücklich, und nichts anderes spielt dann wirklich eine Rolle. Und genauso fühlte ich mich, während ich an jenem Nachmittag neben Meister Fwap in dieser Höhle im Himalaya saß.

«Im Himalaya gibt es viele Höhlen wie diese», begann Meister Fwap seine Ausführungen. «Es sind die Einsiedeleien der großen buddhistischen Meister unseres Ordens. Seit Tausenden von Jahren haben Mitglieder der Rae Chorze-Fwaz in solchen Höhlen meditiert.

Diese Höhlen sind Orte der Kraft. Sie liegen an interdimensionalen Kraftlinien und Energienetzen. Wegen der Dimensionen, mit denen sie verknüpft sind, ist es hier sehr einfach, zu meditieren und Dinge zu verstehen, die anderswo schwierig zu begreifen oder gar unbegreiflich wären.

Viele der Universitäten in deinem Land sind an ähnlichen Orten gelegen», stellte er sachlich fest. «Sie sind dort erbaut worden, wo es Berührungen mit Dimensionen großer Klarheit gibt. Das Lehren und Lernen an solchen Plätzen ist natürlich viel einfacher als anderswo. Wenn die gleiche Universität ein paar Meilen weiter entfernt an einem anderen Platz ohne die richtigen interdimensionalen Öffnungen für Klarheit und Lernen stünde, würde den Studenten das Lernen viel schwerer fallen.

Im Leben ist es von allergrößter Bedeutung, am richtigen Ort zu sein. Davon verstehen wir im Fernen Osten ein wenig mehr als ihr im Westen.

Wenn die Angestellten einer fernöstlichen Firma den Bauplatz für die Hauptverwaltung ihrer Gesellschaft ausgesucht haben», fuhr Meister Fwap fort, «engagieren sie meistens einen taoistischen Priester, der sich auf die interdimensionalen Öffnungen versteht, und lassen ihn die Stelle prüfen. Wenn er befindet, daß die Lage für das Geschäftsgebäude ungeeignet ist, dann werden sie ein anderes Grundstück suchen.

Ein großer Teil dessen, was du als ‹Erfolg› im Leben eines Menschen bezeichnen würdest», fuhr Meister Fwap fort, «ergibt sich aus der Fähigkeit, für das, was man tut – was immer es sein mag –, den richtigen Ort auszuwählen. Es gibt ‹genau die richtige› Stelle für jede Art von Tätigkeit, und es gibt genausogut andere Orte, die es schwierig, wenn nicht gar unmöglich machen, die gleiche Tätigkeit erfolgreich durchzuführen.

Es gibt Plätze auf der Erde, wo es uns leichter fällt als anderswo, zu meditieren, zu studieren, zu lernen, geschäftliche Entscheidungen zu treffen, Schlachten zu schlagen und in andere Welten zu blicken. Was einem physischen Ort eine besondere Art von Kraft verleiht, sind die dimensionalen Linien, die ihn durchlaufen.

Die ganze Erde ist von Kraftlinien durchzogen», erklärte Meister Fwap weiter. «Es gibt viele verschiedene Arten dieser astralen Linien, und sie führen verschiedene Typen von Energie.

Stell dir die Erde vor als über ein Netz horizontaler Linien gelegt. Dimensionaler Raum und dimensionale Orte liegen auf horizontalen Gittern von Licht und Energie. Diese Gitter werden von Austrittspunkten gebildet – den Punkten, die einen Zugang zu den Realitäten anderer Dimensionen gestatten, in denen sehr viel mehr Prana zur Verfügung steht als in unserer Welt.

Wußtest du zum Beispiel», fragte Meister Fwap, «daß es besondere Energielinien gibt, die durch die Erde laufen und künstlerische und musikalische Dimensionen eröffnen? Wenn ein Komponist oder Künstler an einem Ort lebt und arbeitet, durch den solche Linien laufen, dann wird es ihm um vieles leichter fallen, große Werke der Kunst und der Musik zu schaffen. Wenn aber der gleiche Komponist oder Künstler an einem Ort arbeitet oder lebt, wo es keine solchen Linien gibt, dann wird ihm die Arbeit schwerer werden, und vielleicht wird er gar nicht in der Lage sein, große Kunstwerke hervorzubringen.

Obwohl die meisten Menschen kein bewußtes Wissen von den Energielinien, den Gitterebenen, den interdimensionalen Netzwerken und der Funktionsweise all dessen besitzen, machen sie doch unbewußt Gebrauch von ihrer Intuition, die ich die zweite Aufmerksamkeit nenne, um die ‹genau richtigen› Plätze zu finden, wenn sie ihrer bedürfen, um irgend etwas erfolgreich durchzuführen.

Wenn zum Beispiel die Gründungsväter einer großen Universität deren Standort festlegten, dann haben sie oft intuitiv ‹genau die richtige› Stelle für das Lernen gefunden. Wenn sie sich an dieser Stelle befanden, selbst wenn es mitten im Wald oder auf einer Weide war, konnten ihre Körper ‹spüren›, daß dies ein guter Platz zum Lernen war. Um ehrlich zu sein, haben die Menschen, die im Leben erfolgreich sind, zumindest unbewußt gelernt, ihre zweite Aufmerksamkeit zu nutzen, um die ‹genau richtigen› Stellen zu finden, die sie für ihre Arbeit benötigen.

Vor Tausenden von Jahren durchstreiften die Mitglieder der Rae Chorze-Fwaz den Fernen Osten auf der Suche nach den ‹genau richtigen› Plätzen für die Meditationspraxis und andere spirituelle Künste», fuhr Meister Fwap fort. «Sie entdeckten viele Plätze der Erleuchtung, Plätze der Kraft, Plätze des Heilens, Plätze des Sehens und Plätze für das Lehren.

Diese spezielle Höhle ist eine Stelle für das Sehen», erklärte mir Meister Fwap. «Hier fällt es leicht, in andere

Welten und Dimensionen zu schauen, und hier ist es einfach, komplizierte, okkulte Dinge zu verstehen.»

An dieser Stelle unterbrach ich Meister Fwap. Er hatte meine Neugier geweckt, was, wie ich irgendwie argwöhnte, seine Absicht gewesen war.

«Meister Fwap», fragte ich, «gibt es irgendeinen Berg, der besser zum Snowboardfahren geeignet ist als jeder andere Berg der Welt?» Ich versuchte, meiner Frage einen leichten und nebensächlichen Anstrich zu geben, damit er keinen Verdacht schöpfte, wie sehr ich in Wirklichkeit an der Antwort interessiert war. Nachdem ich inzwischen einige Wochen mit Meister Fwap zusammen war, hatte ich begriffen, daß sein Sinn für Humor noch größer war als der Himalaya und daß er, wenn er auch nur den leisesten Verdacht hegte, daß ich etwas unbedingt wissen wollte, es mir absichtlich nicht verraten würde, nur um mich zu foppen.

Meister Fwap verharrte einige Minuten in Schweigen und bedachte meine Frage, bevor er antwortete. Ich vermutete, daß er mich wie gewöhnlich solange wie möglich auf die Folter spannen würde und aus der Situation herausholen, was immer sie hergab. Aber er überraschte mich mit der Direktheit seiner Antwort.

«Ja», begann er, «es gibt nur einen ‹genau richtigen› Berg für das Snowboardfahren auf der ganzen Welt, obwohl es sicher viele andere Berge gibt, auf denen das Snowboardfahren sehr viel Freude macht.»

«Wo mag sich dieser Berg befinden, Meister Fwap?»

fragte ich so lässig wie möglich und versuchte mein Bestes, die in mir aufwallende Aufregung zu verbergen.

«Er ist nicht sehr weit von hier», flüsterte er. «Es ist ein besonderer Berg. Seine Kraft ist rein und genau bemessen. Er wäre für dich der Berg aller Berge, derjenige, auf dem das Snowboardfahren die größte Herausforderung und die größte Freude ist.»

«Wann können wir hingehen?» fragte ich ein wenig zu laut und aufgeregt.

«An unserem letzten gemeinsamen Tag werde ich dich mit dorthin nehmen», erwiderte er wieder in einem gedämpften Tonfall, als würde er sein wichtigstes Geheimnis mit mir teilen und wäre besorgt, daß irgend jemand anders uns belauschen könnte.

«Aber bis dahin ist noch eine gute Weile, und heute müssen wir uns mit anderen Dingen beschäftigen», fügte er ruhig hinzu.

«Was steht denn heute auf der Tagesordnung?» fragte ich mit einem Seufzer und versuchte, so gut ich konnte, meine Enttäuschung darüber zu verbergen, daß er mir nicht mitgeteilt hatte, wo sich der für das Snowboarden vollkommene Berg befand. Ich wußte auf der Stelle, daß ich mich unter keinen Umständen vom Himalaya und Meister Fwap verabschieden konnte, bevor ich nicht diesen «vollkommenen» Berg hinuntergefahren war. Meister Fwap hatte mich meisterhaft an den Haken bekommen, und was das Frustrierendste für mich war, ich hatte den Köder selbst ausgelegt.

«Was ist der wichtigste Aspekt des Snowboardfahrens?» fragte mich Meister Fwap.

«Gleichgewicht», erwiderte ich rasch.

«Genauso ist es!» rief er. Ich konnte zwar sein Gesicht im Halbdunkel der Höhle nicht erkennen, aber sein Tonfall sagte mir, daß er lächelte.

«Gleichgewicht ist also der wichtigste Aspekt des Lebens. Ich sage, daß es der wichtigste Aspekt des Lebens ist, weil dies ein Weg ist, um deine Aufmerksamkeit auf das Gleichgewicht als Thema zu lenken.

Natürlich ist jeder Teil des Lebens wichtig», sagte er mit viel lauterer Stimme; offenbar hatte er sich entschlossen, seine vorgeschobene Geheimnistuerei aufzugeben. «Aber ohne Gleichgewicht wird in deinem Leben nichts funktionieren», fuhr er fort. «Genauso wie du beim Snowboardfahren ohne Gleichgewicht stürzen wirst, so wirst du im Leben ohne Gleichgewicht niemals glücklich oder erfolgreich sein.

Das Leben ist kompliziert», erklärte mir Meister Fwap. «Nur im Fernsehen oder im Film ist es einfach. Aber laß uns für unsere Erörterung einmal annehmen, das Ziel des Lebens bestehe darin, glücklich zu sein. Das Streben nach Glück ist die wichtigste treibende Kraft für die Handlungen und Entscheidungen der großen Mehrheit der menschlichen Wesen; alle anderen Entscheidungen und Handlungen, die von den Menschen getroffen und ausgeführt werden, sind ihr untergeordnet.

Man wählt unter den Erfahrungen, die das Leben

einem bietet», fuhr er fort, «diejenigen aus, von denen man spürt, daß sie einen am ehesten glücklich machen. Das darf man nicht vergessen. Der Sinn des Snowboardfahrens liegt darin, einen Berg auf dem Snowboard hinunterzufahren, ohne zu stürzen. Wenn es dir an Gleichgewicht mangelt, dann bist du dazu nicht in der Lage.

Im Leben wird das Glücklichsein durch Gleichgewicht erlangt. Natürlich handelt es sich bei der Art von Gleichgewicht, von der hier die Rede ist, um diejenige in deinem Geist. Sicherlich ist man gut beraten, auch in seinem körperlichen Leben ein glückliches Gleichgewicht herzustellen», bemerkte er. «Aber wegen der sich stets verändernden Umstände des alltäglichen Lebens ist es nicht immer möglich, ein vollkommenes körperliches Gleichgewicht in allen Belangen des Lebens zu erreichen.

Aber es ist trotzdem wichtig, es wenigstens zu versuchen. Deine Anstrengung, ein Gleichgewicht in den Belangen deines körperlichen Lebens herzustellen, wird deine Möglichkeiten, das Glücklichsein zu erreichen, maximieren.»

«Was ist das innere Gleichgewicht, Meister Fwap?» fragte ich nach. «Um ehrlich zu sein, ich habe keine Ahnung, wovon Ihr redet.»

«Ich schätze deine Ehrlichkeit. Deswegen will ich dir auch eine ehrliche Antwort geben: Inneres Gleichgewicht ist Glück.»

«Einen Moment, bitte!» warf ich hastig ein. «Ich habe

gedacht, Ihr hättet gerade gesagt, daß das innere Gleichgewicht Glücklichsein schafft. Jetzt sagt Ihr, daß das innere Gleichgewicht Glücklichsein *ist*. Wie kann beides gelten? Das verstehe ich nicht!»

«Hab Geduld, mein junger Freund. Kaum jemand auf diesem Planeten hier versteht diesen Zusammenhang. Deswegen sind wir den ganzen Weg bis zu dieser Höhle heraufgewandert, weil du hier vielleicht zu einem Verständnis dessen kommst, was inneres Gleichgewicht und Glücklichsein sind und wie man sie erlangen kann. Wenn wir dieses Gespräch anderswo führten, würde ich ernsthaft bezweifeln, daß du viel von dem verstündest, was ich dir heute erklären werde.»

«Aber, Meister Fwap», protestierte ich. «Wie kann es denn zugehen, daß dies auf der gesamten Erde nur wenige Menschen von den Milliarden und Abermilliarden, die diesen Planeten bewohnen, richtig verstehen können? Ich meine, gibt es denn nicht viele wirklich glückliche Menschen da draußen?»

«Nicht wirklich. Die einzigen Menschen, die wahrhaft ewig glücklich sind, ganz gleich, wie die Umstände ihres Lebens auch sein mögen, sind die erleuchteten Meister. Und von uns gibt es nur noch einige wenige auf dieser Erde.

Aber in gewissem Sinne hast du recht», fuhr er fort. «Es gibt gewiß viele Menschen, die von Zeit zu Zeit Glück erfahren. Aber ihr Glück ist gewöhnlich kurzlebig, weil es darauf beruht, daß die äußeren Umstände ihres Lebens in Einklang mit der Erfüllung ihrer Wünsche stehen.

Um dies zu begreifen, mußt du zuerst den Unterschied zwischen einer hierarchischen und einer relationalen Geistesverfassung kennen», erklärte Meister Fwap dann.

«Meister Fwap, mir ist nicht nur der Unterschied zwischen diesen beiden unbekannt; vielmehr weiß ich weder, was das eine, noch, was das andere sein soll. Würdet Ihr es mir bitte am Beispiel des Snowboardfahrens erklären?»

«Ja, natürlich, das wäre mir ein großes Vergnügen», erwiderte er.

* * *

Meister Fwap erklärt das relationale Snowboardfahren

«Es gibt fünf grundsätzliche Wege, das Snowboardfahren oder irgend etwas anderes zu betreiben», begann Meister Fwap. «Es gibt außerdem zahlreiche kombinierte Vorgehensweisen, welche die verschiedenen Elemente dieser fünf grundsätzlichen Methoden vermischen.»

«Welche sind das, Meister Fwap?» fragte ich.

«Die erste Methode des Snowboardfahrens», begann er, «ist die instinktive Methode. Dies ist die am wenigsten effektive der fünf. Bei dieser Methode läßt du dich von den grundlegenden zellulären Instinkten deines Körpers leiten.»

«Welche Instinkte meint Ihr?» fragte ich.

«Furcht, Freude und körperliches Gleichgewicht», erwiderte er rasch. «Du willst das Snowboardfahren erlernen und nimmst alles, was dazu notwendig ist, in Kauf, weil dein Körper vom Snowboardfahren eine angenehme Erfahrung erwartet. Mittels der Furcht deines Körpers vermeidest du Verletzungen, und du bedienst dich des angeborenen Gleichgewichtssinnes deines Körpers, um auf dem Board zu bleiben und deinen Weg den schneebedeckten Berg hinunterzufinden.

Die zweite Methode ist die leidenschaftliche. Du läßt dich von deinen Begierden steuern. Beim leidenschaftlichen Ansatz leitet dich dein Ego, und deine Leidenschaften verleihen dir die Kräfte. Das ist die Machismo-Methode.»

«Ihr meint also, daß man es tut, um anzugeben?» fragte ich.

«Ja und nein», erwiderte er. «Das ist sicherlich ein Element dieses Ansatzes, aber es steckt noch mehr dahinter. Bei der leidenschaftlichen Methode bewertest du dein Selbstbild durch deine Leistungen beim Snowboardfahren. Du wirst diesen Ansatz höchstwahrscheinlich mit dem instinktiven Ansatz kombinieren. Auf deinen Reisen mußt du andere Snowboarder kennengelernt haben, die sich dieser Methode bedienten.»

«Sicherlich habe ich das», sagte ich mit einem Grinsen. «Ich nenne es das Gockelsyndrom. Diese Burschen fahren nur Snowboard, um sich oder anderen, die zuschauen, zu beweisen, daß sie extrem sind. Ihnen geht es hauptsächlich um Show. Viele von ihnen sind übrigens sehr gute Snowboardfahrer.»

«Genau», erwiderte Meister Fwap. «Sie genießen das Gefühl des Snowboardfahrens körperlich, und sie machen sich ihre Furcht, ihren Gleichgewichtssinn und das geltungssüchtige Verlangen ihres Egos nach Erfolg zunutze, um sich selbst und andere zu beeindrucken. Ihre Leidenschaft treibt sie zu besseren Leistungen an, als den rein instinktiven Snowboardern möglich sind.»

«Richtig», sagte ich. «Diese Jungs und Mädels gehen nicht, sie stolzieren. Sie glauben, sie sind besser als andere Snowboardfahrer, wenn sie diese bei der Abfahrt überholen können. Für sie hat die Sache nichts Spirituelles, wenn Ihr versteht, was ich meine.»

«Das tue ich in der Tat», antwortete er. «Nun, der dritte Ansatz ist der irrationale. Das ist eigentlich gar keine Methode. Dieser Ansatz wird beherrscht von Zorn und unkontrollierter Aggression. Die Menschen, die sich dieses Ansatzes bedienen, werden die einleitenden Lektionen und Instruktionen zum Snowboardfahren überspringen und einfach zur Tat schreiten. Sie werden wahrscheinlich im Krankenhaus landen, vielleicht auch jemanden, den sie über den Haufen fahren, mit dahin befördern.»

«Ganz recht, Meister Fwap!» stimmte ich von ganzem Herzen zu. «Ich hasse diese Blindgänger! Sie sind nie bei der Sache. Sie greifen sich einfach ein Board und versuchen, den Berg hinunterzukommen. Jedesmal, wenn sie stürzen, werden sie wütender. Gewöhnlich geben sie irgendwann auf oder verletzen sich oder andere. Sie sind rundum ein Ärgernis. Ich verstehe nicht einmal, warum sie es überhaupt versuchen.»

«Sie wissen wahrscheinlich selbst nicht, warum sie Snowboard fahren», sagte er. «Aber andererseits haben sie sich entschlossen, ihr ganzes Leben so zu leben. Sie greifen einfach nach irgend etwas, das sie sehen, und versuchen, es sich mit all ihrer Wut zu eigen zu machen. Wenn ihnen das nicht gelingt, dann geben sie jemand anderem oder einer anderen Sache die Schuld, aber nie sich selbst. Sie leben in einer Welt voller Haß und Schuld.»

«Ich verstehe, was Ihr meint, Meister Fwap», sagte ich. «Ich habe einmal gesehen, wie einer von ihnen sein Snowboard zertrümmert hat, weil er nicht damit zurechtkam. Er schrie dabei dauernd, daß das Board nichts tauge. Aber das Board war ganz in Ordnung; sein einziges echtes Problem war er selbst.»

«Gut. Nun, die beiden etwas höher entwickelten Methoden des Snowboardfahrens sind die hierarchische und die relationale Methode», erklärte Meister Fwap. «Diese beiden Methoden des Snowboardfahrens stellen den westlichen und den östlichen Zugang zum Leben und zur

Lösung von Problemen dar. Es sind geistige Ansätze im Gegensatz zu den körperlichen oder emotionalen Ansätzen der vorangegangenen drei Methoden.

Sowohl die hierarchische als auch die relationale Methode», fuhr er fort, «beruhen auf der intelligenten Ausnutzung von Strukturen. Der Hauptunterschied zwischen den beiden Methoden besteht in der Art und Weise, in der die Menschen, die sie anwenden, diese Strukturen anordnen, verknüpfen und nutzbar machen. Um diese beiden Methoden zu verstehen, mußt du den Unterschied zwischen Buddhismus und Christentum kennen.»

«Warum das, Meister Fwap?»

Er lachte und sagte: «Es hat mit dem Kreis und der geraden Linie zu tun. Diese sind die jeweiligen Symbole des Ostens und des Westens.»

«Was haben Kreise und gerade Linien mit dem Snowboardfahren zu tun?» fragte ich ungeduldig. Ich merkte langsam, daß Meister Fwap wieder einmal im Begriff war, sich in einen seiner mystischen Dialoge zu stürzen, und daß die Antwort auf meine Frage irgendwie in einer seiner metaphorischen Lawinen untergehen würde.

Er kicherte über den ungeduldigen Ton in meiner Stimme und fuhr dann, ohne seine elegante buddhistische Haltung zu verlieren, mit seiner Erklärung fort.

«Hierarchisches und relationales Denken ergeben sich aus den jeweiligen religiösen Standpunkten», sagte er. «Zwar wird der Buddhismus im Osten nicht mehr ganz so streng praktiziert wie einst, das gleiche gilt für das Judentum und das Christentum im Westen, aber dennoch haben sich die Denkweisen, die diese Religionen in den östlichen und westlichen Kulturen erzeugt haben, relativ unverändert erhalten.

Das hierarchische Denken entstammt dem christlichen Glauben an die große Kette des Seins. Aus der Sicht der christlichen Religion befindet sich Gott an der Spitze des Universums und der Teufel an seinem unteren Ende. Alle anderen existieren auf unterschiedlichen Ebenen – in Abhängigkeit davon, wie göttlich oder ungöttlich sie sind –, zwischen Gott und dem Teufel. Dante hat neben vielen anderen christlichen Schriftstellern dazu beigetragen, die hierarchische Sicht zu einem Teil des Hauptstroms westlichen Denkens und westlicher Philosophie zu machen.

Gemäß dieser jüdisch-christlichen, hierarchischen Denkweise», fuhr Meister Fwap fort, «begann die Schöpfung zu einem bestimmten Zeitpunkt in der Vergangenheit, und das Ende der Welt wird zu einem bestimmten Zeitpunkt in der Zukunft eintreten.

Alles in dieser Geisteshaltung ist linear, und Zeit wie Raum erscheinen als gerade Linien», erklärte er. «Diese beiden grundlegenden Konzepte schaffen im Verein mit der Vorstellung, daß der Mensch in einem Zustand der Verderbtheit und Sünde geboren wird und einer Erlösung bedarf, eine physikalische und metaphysische Kosmologie, die die gesamte geistige Struktur des Westens beeinflußt hat: die Struktur der Sprachen, der Philosophie, der Art und Weise zu denken, zu analysieren und Probleme zu lösen, und natürlich das soziale Wertesystem der Völker.

Mit anderen Worten, die Menschen im Westen neigen dazu, in geraden Linien zu denken – es sei denn, sie verhalten sich irrational oder sind intuitiv veranlagt. Ich will es dir am Beispiel des Snowboardfahrens erklären.

Ein hierarchischer Snowboarder fährt auf seinem Snowboard eine gerade Linie», erklärte Meister Fwap. «Er startet auf dem Gipfel des Berges und fährt auf dem Snowboard geradewegs hinunter. Wenn er den Fuß des Berges erreicht, endet seine Fahrt, und dann steigt er wieder hinauf auf den Berg und wiederholt das Ganze.»

«Aber, Meister Fwap», unterbrach ich, «wie soll man denn sonst einen Berg hinunterfahren? Man muß sich nach der Schwerkraft richten, es sei denn, man könnte schweben, so wie Ihr es könnt.»

«Ja», erwiderte er. «Was du sagst, ist wahr. Wenn du nicht schweben kannst, ist dies mit Sicherheit der Fall. Aber du hast mich unterbrochen, bevor ich Gelegenheit hatte, meine Erklärung zu beenden.

Wie ich sagte», fuhr er fort, «denkt ein hierarchischer Snowboarder in geraden Linien, und seine Methode, das Snowboardfahren zu erlernen, ist linear.»

«Was bedeutet das in der Praxis?» fragte ich.

«Nun, es bedeutet, daß die Datenverarbeitung in seinem Gehirn recht langsam vor sich geht, und das ist nicht gut bei einem so schnellen Sport, möchte ich einmal vermuten.»

«Meister Fwap!» protestierte ich aufgebracht. «Ich habe nicht die geringste Ahnung, wovon Ihr redet! Wenn diese Höhle die Dinge klarer machen soll, dann funktioniert sie nicht mehr richtig. Seid Ihr sicher, daß wir am rechten Ort sind?»

«Hm? O ja, da bin ich mir völlig sicher. Aber du mußt Geduld haben und mich meine Gedanken zu Ende führen lassen. Ich wollte gerade auf den praktischen Teil zu sprechen kommen.

Siehst du», fuhr er mit einem, wie ich hoffte, mitleidigen Kichern über meine Frustration fort, «man kann sich nur schwer vorstellen, sich einer neuen Denkweise zu bedienen, wenn man sich bisher immer einer ganz anderen Denkweise befleißigt hat. Worüber wir in Wahrheit reden, ist die Art und Weise, wie unsere Erinnerung funktioniert, wie wir die Dinge in unserem Geist verknüpfen und wie wir uns auf Dinge vorbereiten und Dinge vorhersehen.

Dein Geist verarbeitet Informationen folgendermaßen: Er verbindet Vorstellungen und Gefühle in besonderer Weise, und dann sortiert er sie nach Mustern und vergleicht sie. Er kann dies entweder in einem hierarchischen, einem relationalen oder einem irrationalen Rahmen tun.

Das relationale Denken baut auf Kreisen auf», fuhr Meister Fwap fort. «Das ist die Art und Weise, wie die

Buddhisten die Welt sehen, als eine Folge endlos miteinander verbundener Kreise.

Wir glauben nicht an Gott oder an den Teufel, wenigstens nicht so, wie man sie sich in den Augen der westlichen Menschen gewöhnlich vorstellt. Wir glauben auch nicht, daß die Zeit linear ist, sondern vielmehr, daß Gott und der Teufel, das Gute und das Böse und all die Paarungen, die ihr Gegensätze nennen würdet, innerhalb unseres eigenen Geistes existieren. Und wir empfinden diese Dinge nicht als Gegensätze – vielmehr betrachten wir sie als die beiden Hälften einer Einheit.

Wir Buddhisten glauben, daß die Zeit in Kreisen abläuft, daß das gesamte Universum ein großer Kreislauf ist und daß in diesem großen Kreislauf viele kleinere Kreisläufe und noch kleinere Kreisläufe enthalten sind.

Ich brauche dich wohl nicht darauf hinzuweisen, daß sowohl die hierarchische als auch die relationale Kosmologie und Lebensanschauung nicht ganz ins Schwarze treffen. Es sind beides Versuche, die Existenz auf eine Weise zu definieren, in der sie eigentlich nicht definiert werden kann. Als erleuchteter buddhistischer Meister befasse ich mich nicht mit Kosmologien», schweifte Meister Fwap einen Augenblick ab, «sondern nur mit den Auswirkungen, die sie auf unsere Denkweisen haben und auf die Art und Weise, wie wir Daten verarbeiten.

Also, um auf deine Frage zurückzukommen», fuhr er fort, «ein hierarchischer Snowboarder braucht länger, um etwas zu durchdenken, weil er all seine Gedanken mit geraden Linien verknüpft. Ein relationaler Snowboarder kann schneller denken, weil er in Kreisen denkt – das heißt, er muß sehr viel weniger zeitraubende Gedanken aufwenden, um die bedeutsamen Verknüpfungen zwischen den Dingen herzustellen, über die er nachdenkt und die er wahrnimmt.»

* * *

Meister Fwap diskutiert Kreise und Geraden

«Laß uns zum Beispiel annehmen», sagte Meister Fwap, «daß wir eine große Menge von Informationen entlang einer Geraden angeordnet hätten. Wenn wir nun an dem einen Ende der Geraden sind und sich die Information, zu der wir gelangen wollen, am anderen Ende befindet, dann müssen wir notwendigerweise den ganzen Weg durch all die Informationen zurücklegen, die sich zwischen uns und genau der Information befinden, zu der wir Zugang suchen.

Nun stell dir vor, wir nähmen die gleichen Daten und ordneten sie in einem Kreis an – und dann laß uns weiterhin annehmen, daß wir uns selbst in der Mitte dieses Kreises von Daten stellten. Jetzt liegen alle Informationen gleich weit von uns entfernt, weil sie sich alle auf dem Kreis befinden, in dessen Mitte wir sitzen.

Wenn wir nun eine bestimmte Information brauchen, müssen wir uns nicht erst durch eine Menge von nutzlosen Daten hindurcharbeiten. Wir haben nichts weiter zu tun, als uns vom Kreismittelpunkt zu einem der Punkte des Kreises zu begeben und uns die Information dort zu holen. Offensichtlich ist dies ein schnellerer und effizienterer Weg, Informationen abzurufen. Nehmen wir das Snowboardfahren als Beispiel. Stell dir vor ...»

«Einen Moment, Meister Fwap!» rief ich dazwischen. «Man fährt nicht in Kreisen Snowboard.» Ich war sehr stolz auf meine Bemerkung. Endlich hatte ich einen Bruch in der buddhistischen Logik gefunden.

«Du hast recht», erwiderte er. «Aber auch wenn du nicht im Kreis Snowboard fährst, kannst du vom Zentrum des Kreises aus denken und wahrnehmen.»

«Was meint Ihr damit?» fragte ich.

«Indem du einfach nicht denkst», erwiderte er.

«Aber wozu soll es nütze sein, nicht zu denken, Meister Fwap? Wenn man nicht dächte, während man einen Berg hinunterfährt, würde man sich wahrscheinlich am Ende die Knochen brechen, oder nicht?»

«Keineswegs. Genau darum geht es beim relationalen Denken. Es bedeutet, die Dinge vom bewegungslosen Zentrum im Inneren deines Geistes aus wahrzunehmen. Normalerweise sind deine Gedanken und Wahrnehmungen linear. Du mußt erst lange und mühsam über die Dinge nachdenken, um zu einer richtigen Folgerung zu gelangen.»

«Aber darum geht es doch bei der deduktiven und induktiven Logik», protestierte ich.

«Genau darauf will ich hinaus», fuhr er, von meinem Gefühlsausbruch unberührt, fort. «Logik ist eine hierarchische Denkweise; ob sie nun deduktiv oder induktiv ist, spielt dabei keine Rolle. Es kommt in Wirklichkeit auf eins heraus.»

«Und das wäre?» fragte ich zögerlich. Ich war jetzt mehr und mehr frustriert, während er mit seiner Erklärung fortfuhr. Ich verstand immer noch nicht, was das alles mit dem Snowboardfahren zu tun haben sollte.

«Ich sehe, daß du wieder einmal die Geduld mit mir verlierst», erwiderte er. «Nun, es ist wirklich nicht so schwer zu verstehen. Geh einfach einmal davon aus, daß sich logisches Denken und Schlußfolgern normalerweise in einer geraden Linie vollziehen.

Sagen wir zum Beispiel», fuhr er fort, «daß du mit dem Snowboard einen dir unbekannten Berg befährst und plötzlich ein buddhistischer Mönch direkt vor dir in deiner Bahn auftaucht. Logischerweise, also wenn du geradlinig denkst, sollte er überhaupt nicht dasein. Warum um Himmels willen sollte ein buddhistischer Mönch da draußen im Schnee auf einem Berg des Himalaya herumwandern?

Statt relational zu denken – in welchem Falle du augenblicklich ohne logische Analyse auf die Situation reagiert und so vermieden hättest, mit dem Mönch zusammenzustoßen –, zögerst du für einen Sekundenbruchteil, weil deine Logik sich nicht schnell genug die unerwartete Erscheinung auf dem Berg erklären kann. Hättest du aber relational gedacht, und das hätte bedeutet, daß du überhaupt nicht gedacht hättest, dann hätte dein Körper augenblicklich reagiert, und du hättest den Zusammenstoß mit dem Mönch vermieden», fuhr Meister Fwap fort. «Ob es logisch war oder unlogisch, daß der Mönch sich dort befand, hätte in diesem Denken keine Rolle gespielt. Du hättest den Sekundenbruchteil, den es gekostet hat, die logische Analyse der Situation zu durchlaufen, nicht verloren. Du wärst nicht mit ihm zusammengestoßen und hättest damit all das schlechte Karma vermieden, das sich daraus ergibt, daß man mit dem Snowboard einen nichts Böses ahnenden, erleuchteten buddhistischen Mönch überfährt.»

Meister Fwap hielt inne. Obwohl ich seinen Gesichtsausdruck im Halbdunkel der Höhle nicht erkennen konnte, war ich mir sicher, daß er ein selbstzufriedenes Grinsen aufgesetzt hatte.

«Meister Fwap, wie unterscheidet sich das, was Ihr gerade beschrieben habt, vom instinktiven Reflex? Inwiefern ist dies relational? Und ist es außerdem nicht grundsätzlich das gleiche, beim Snowboardfahren nicht zu denken und sich seiner selbst nicht bewußt zu sein?»

* * *

Meister Fwap definiert das Zentrum des Kreises

Bevor Meister Fwap meine Frage beantwortete, schwieg er einige Minuten. Wahrscheinlich überlegte er hin und her, wie er meine Frage am besten beantworten könne, oder er dachte darüber nach, wie er die Feinheiten der buddhistischen Weisheit für einen ziemlich begriffsstutzigen, amerikanischen Snowboardfanatiker vereinfachen könne.

«Es ist gar nicht so schwer zu verstehen, wie du vielleicht meinst», nahm er das Gespräch wieder auf. «Dein Hauptproblem besteht darin, daß du die Sache ein wenig zu ernst nimmst... Du mußt deinen Geist entspannen und dir von der leuchtenden Energie dieser Höhle helfen lassen.

Kurzum, du schenkst meinen Worten viel zu viel Aufmerksamkeit und verpaßt darüber den yogischen Punkt, auf die sie unseren Geist lenken.

Stell dir bitte einmal nur für eine Minute oder zwei ein Universum von Daten vor – eine endlose Masse von Daten aller Art –, das sich in alle Richtungen erstreckt. Zwar mögen einige dieser Daten für deine unmittelbaren Erfordernisse brauchbar sein, aber die meisten sind doch zu jedem gegebenen Zeitpunkt irrelevant. Das Problem also, mit dem du dich in einem endlosen Universum von Daten konfrontiert siehst, besteht darin, alle für deine unmittelbaren Bedürfnisse irrelevanten oder nutzlosen

Daten so schnell und so mühelos wie möglich zu eliminieren und jene Daten, die du benötigst, um deine unmittelbaren Probleme zu lösen und dich mit deinen unmittelbaren Gegebenheiten zurechtzufinden, schnell zu finden, auszusondern und zu nutzen.

Eines der großen Geheimnisse des Lebens, das die buddhistischen Mönche durch Meditation entdeckt haben», erklärte mir Meister Fwap, «bestand in der Eliminierung überflüssiger Daten aus ihrem Geist. Wenn etwas nicht zu ihrem Glück oder Wohlbefinden beitrug oder dem Glück und Wohlbefinden anderer, dann waren und sind sie in der Lage, es aus ihren Gedanken zu entfernen und ihren Geist auf das auszurichten, was wichtig ist. Während du auf deinem Snowboard den Berg hinunterschießt, ist dein Geist normalerweise damit beschäftigt, an viele verschiedene Dinge zu denken. Du erinnerst dich vielleicht an etwas Irrelevantes oder du malst dir unnötigerweise etwas aus, was in der Zukunft liegt, oder du richtest deinen Geist genau darauf aus, wie du das tust, was du gerade tust.

Der relationale Weg, eine Sache anzugehen, besteht darin, seinen Geist in einen vierten Zustand zu versetzen, in einen Zustand erhöhten Bewußtseins. Im Zustand erhöhten Bewußtseins erhebst du deinen bewußten Geist über den Strom der überflüssigen Daten hinaus – aus der Dimension von Zeit und Raum sozusagen – und verschmilzt ihn statt dessen mit dem reinen, vernünftigen Bewußtsein des Universums.

Wenn dein Geist aufsteigt in diese höhere Ebene des vernünftigen Bewußtseins – was ich die zweite Aufmerksamkeit nenne –, wird er automatisch Zugang zu den Daten finden, die du benötigst, und zwar in jedem gegebenen Augenblick deines Lebens. Das ist das Zentrum des Kreises der Vernunft. In diesem Zustand innerer Klarheit wirst du immer genau wissen, was das Richtige ist, und zwar genau zur richtigen Zeit. Anders als in der hierarchischen Geistesverfassung mußt du dir nicht erst deinen Denkweg durch eine große Masse von Daten bahnen, um die Dinge zu verstehen. Du wirst sie einfach ‹wissen›.

Letzten Endes ist das Denken eine sehr ineffiziente Methode der Datenverarbeitung...»

«Aber, Meister Fwap!» Ich schrie jetzt fast vor schierer Frustration. «Das ergibt doch keinen Sinn. Ich dachte immer, die kürzeste Entfernung zwischen zwei Punkten sei zu jeder gegebenen Zeit eine gerade Linie.»

«Manchmal ist sie das, und manchmal ist sie das nicht», erwiderte er ruhig.

«Nun, wann ist sie es nicht?» Ich brüllte jetzt völlig fassungslos.

* * *

«Denk dir eine Straße, die zum Gipfel eines Berges führt», erwiderte er ohne Eile. «Sie windet sich in einer Folge von Schleifen den Berg hinauf. Wenn du eine

Straße anlegen würdest, die in gerader Linie zum Bergesgipfel führte, wäre sie viel zu steil, als daß ein Fahrzeug noch hinauffahren könnte. Während also in der Theorie die kürzeste Entfernung zwischen zwei Punkten die gerade Linie sein mag, ist in der Realität manchmal ein Kreis oder eine Folge von Kreisen der bessere Weg.»

Ich antwortete nicht. Ich verstand nun, welche Vorteile die buddhistische Unterweisung im Streitgespräch hatte, der sich Meister Fwap während seiner Zeit im Kloster hatte unterziehen müssen. Ich blieb still, erkannte sein Argument schweigend an und ließ ihn fortfahren.

«Die Angelegenheit, die wir untersuchen», fuhr Meister Fwap fort, «ist das relationale Denken. Wie ich schon sagte, denken die meisten westlichen Menschen in geraden Linien – wenn sie sich überhaupt die Mühe machen zu denken. Und natürlich – das wirst du verstehen, mein junger Freund – schlage ich bestimmt nicht vor, daß wir alle das Denken aufgeben, um zu einer rein instinktiven Wahrnehmungsweise der Dinge zurückzukehren. Mir kommt es darauf an, daß es eine sehr viel höher entwickelte Art und Weise gibt, das Leben zu betrachten, als die, mit der du vertraut bist; es ist ein Weg, das Leben und Informationen wahrzunehmen, der sehr viel zuverlässiger und erfreulicher ist als die Methode der logischen Analyse, die du zu benutzen gewohnt bist.

Die logische Analyse», fuhr Meister Fwap fort, «eignet sich dazu, um ein begrenztes Verständnis vieler

Dinge und Situationen zu erlangen. Aber die Geschwindigkeit, die Zuverlässigkeit und Datenverarbeitungskapazität, die sie dir zur Verfügung stellt, ist der relationalen Analyse definitiv unterlegen.

Wir Buddhisten glauben», fuhr er fort, «daß der menschliche Geist aus zahllosen Schichten besteht – die ich hier mit Kreisen vergleiche. Stell dir deinen Geist so ähnlich wie eine Zwiebel vor.

Eine Zwiebel besteht aus Hunderten von Schichten dünner Haut. Wenn du die äußerste Schicht wegnimmst, wird die nächste Schicht offengelegt. So folgt Schicht auf Schicht, während du dich bis zum Herzen der Zwiebel vorarbeitest.

Dein Geist besteht in ähnlicher Weise aus Tausenden von Schichten», fuhr Meister Fwap fort. «Deswegen vergleiche ich ihn mit einer Folge konzentrischer Kreise.»

«Aber, Meister Fwap!» warf ich ein. «Was hat denn das mit dem Snowboardfahren zu tun?» Ich war jetzt sehr aufgebracht über all dies metaphysische Gerede von Meister Fwap. Ich glaubte nicht, daß irgend etwas von dem, was er mir da sagte, auch nur die geringste Bedeutung für die Beantwortung meiner Frage hatte.

«Das ist ganz einfach», sagte er und unterdrückte ein Lachen. «Ich werde es dir erklären. Hab nur noch ein paar Augenblicke Geduld mit mir.»

«In Ordnung», fügte ich mich, «aber stellt diesmal bitte eine Verbindung zum Snowboardfahren her.»

«Beim Denken bist du auf eine gerade Linie festgelegt», begann er. «Um diese gerade Linie des Denkens zu verlassen und einen Informationspunkt zu erreichen, der nicht auf der geraden Linie deines Denkens liegt, mußt du deine Informationslücke mit zusätzlichen geraden Gedankenlinien überbrücken.

Laß uns zum Beispiel annehmen, daß du mit dem Snowboard einen Berg hinabfährst. Du bist mit der Art von Gedanken beschäftigt, denen du beim Snowboardfahren normalerweise nachhängst. Vielleicht schätzt du gerade die Schneewehe vor dir ein und bereitest dich darauf vor, zur Seite auszuweichen... und dann plötzlich, ohne Vorwarnung, siehst du einen buddhistischen Mönch direkt in der Bahn deines schnell talwärts sausenden Snowboards stehen.

Aber wenn du überhaupt nicht denkst», fuhr er fort, «wenn dein Geist sich in der zweiten Aufmerksamkeit verflüchtigt hat und du in der Lage bist, innerhalb deines Geistes unmittelbar außerlogische Verknüpfungen herzustellen, dann wirst du flexibel auf diese unerwartete Erscheinung reagieren und es vermeiden können, den armen, nichts Böses ahnenden buddhistischen Mönch mit deinem Snowboard zu überfahren. Wenn du in geraden Linien denkst – so wie du es getan hast, als wir uns zum erstenmal trafen –, dann würdest du mit dem Mönch zusammenstoßen, so wie du es getan hast.

Du bist mit mir zusammengestoßen», fuhr Meister Fwap fort und brachte mich damit gedanklich und emotional zu einem Augenblick zurück, den ich lieber vergessen hätte, «weil dein Geist nicht schnell genug in der Lage war, eine Serie von Beziehungen zwischen deiner Abfahrt mit dem Snowboard den Berg hinunter und einem buddhistischen Mönch herzustellen, den du unerwarteterweise in der Bahn deines heranbrausenden Snowboards entdeckt hast.

Du mußt dies als ein Beispiel aus der Praxis betrachten, nicht aus der Theorie», erklärte er. «Die Buddhisten, weißt du, sind die letzten Realisten. Wir lieben Theorien, aber nur, wenn sie praktische Bedeutung für das aktuelle, tagtägliche Leben haben oder auf die Umstände, die uns von Lebensspanne zu Lebensspanne begleiten.

Im tagtäglichen Leben», sagte er, «hast du ständig mit dem Unbekannten zu tun. Natürlich gibt es ein gewisses Maß an Wiederholung im Leben der meisten Menschen. Du gehst zum Beispiel jeden Tag ungefähr zur gleichen Zeit zur Schule und nimmst dabei den gleichen Weg.

Aber eines Tages erscheint vielleicht etwas völlig Unerwartetes auf deinem Weg zur Schule, irgend etwas, mit dem du in dieser Situation nie gerechnet hättest. Vielleicht gerät ein Wagen außer Kontrolle und rast plötzlich auf dich zu, oder vielleicht begegnest du plötzlich dem schönsten Mädchen, das du jemals gesehen hast.

Wenn du nun in geraden Linien, also logisch, denkst, dann wirst du in diesem Augenblick wahrscheinlich weder schnell noch angemessen auf das reagieren können, was dir widerfährt. Wenn du das hierarchische Denksystem des Westens benutzt, mußt du zunächst einmal analysieren, bedenken und abwägen, bevor du handeln kannst. Aber im wirklichen Leben hättest du, bis du damit fertig bist, wahrscheinlich schon die Chance verpaßt, dem Unglück zu entrinnen oder eine unerwartete Gelegenheit beim Schopf zu packen.

Die erfolgreichsten Menschen auf der Welt sind diejenigen, die relational denken», fuhr Meister Fwap fort. «Natürlich steht ihnen auch die hierarchische, logische Analyse zur Verfügung, wenn sie sich davon einen Nutzen versprechen. Aber die tüchtigsten und erfolgreichsten Menschen verlassen sich bei der Lösung der meisten ihrer Probleme nicht auf die hierarchische, logische Analyse, sondern lösen ihre Probleme relational mit Hilfe ihrer zweiten Aufmerksamkeit.

Die meisten in hohem Maße erfolgreichen Menschen leben in einem Zustand kreativer und glücklicher Leere. Anders als der Durchschnittsmensch, der völlig von dem absorbiert wird, worüber er nachdenkt, womit er sich gerade beschäftigt, was er gerade voraussieht oder woran er sich erinnert, können jene Individuen, die relational denken – vom Zentrum des Kreises des Bewußtseins aus –, Gelegenheiten erkennen, die andere Menschen übersehen, und gleichzeitig schnelle Verknüpfungen schaffen, die sie in die Lage versetzen, schnell und erfolgreich diese Gelegenheiten zu ergreifen und Unheil zu vermeiden.

Um es mit einfachen Worten noch einmal zusammenzufassen», bemerkte Meister Fwap knapp, «beruht der

Erfolg im Leben hauptsächlich auf zwei Dingen: der Wahl des richtigen Zeitpunkts und der Fähigkeit eines Menschen, innerhalb seines eigenen Geistes schnelle und genaue Verknüpfungen herzustellen.»

«Eine Sekunde, Meister Fwap. Wie macht sich das relationale Denken bemerkbar, wenn das schönste Mädchen, das ich je gesehen habe, an mir vorbeigeht?»

«Wenn du logisch denken würdest», erwiderte er mit einem Lachen, «würdest du wahrscheinlich nicht schnell genug und nicht angemessen reagieren, um ihre Bekanntschaft zu machen und sie zu beeindrucken. Logischerweise müßtest du, da sie die schönste Frau ist, die du jemals gesehen hast, so überwältigt sein von ihrer Schönheit, daß du nicht schnell genug reagieren könntest, und du würdest die Gelegenheit, dich ihr vorzustellen, verpassen.

Oder du würdest logisch reagieren. Du würdest sie vielleicht gern kennenlernen, aber daran denken, daß du auf dem Weg zur Schule bist. Du hast vielleicht nicht genug Zeit, dich mit ihr bekanntzumachen, ohne zu spät zum Unterricht zu kommen.

Außerdem, wie würdest du denn reagieren?» fragte er rhetorisch. «Mit Hilfe der Logik könntest du dich nur auf deine früheren Erfahrungen verlassen – und zwar auf die, die sich gegenwärtig in deinem Gedächtnis befinden –, um Informationen darüber zu gewinnen, wie du dich dem Mädchen am besten näherst. Du müßtest rasch eine Methode ersinnen, eine logische Beziehung zwischen dir selbst und dem, was du ihr sagen willst, herzustellen. Aber bis du das alles in deinem Geist zusammengekramt hast, wäre die Gelegenheit schon längst vorüber.»

«Aber, Meister Fwap», stammelte ich, «mir ist nicht klar, wie es mir helfen sollte, das Mädchen kennenzulernen, wenn ich relational denke – oder überhaupt nicht denke, was immer Ihr mir da eigentlich vorschlagt...»

«Es ist leichter, als du es für möglich hältst, aber du mußt relational denken, um zu verstehen, wovon ich rede», erwiderte er mit einem leisen Kichern.

«Wie ich bereits sagte», fuhr er fort, «ist der Geist wie eine Zwiebel; er besteht aus zahllosen Schichten. Die Schichten, die der Oberfläche deines bewußten Wissens am nächsten sind, sind die Lagerstätten deiner Erinnerungen und Erfahrungen aus der jetzigen Lebensspanne. Aber unter diesen Schichten liegen tiefere Schichten, die die Erfahrungen deiner früheren Leben enthalten, und noch tiefer befinden sich Schichten, die dir den Zugang zur reinen Vernunft des Universums selbst ermöglichen, dieser Vernunft, die ich die zweite Aufmerksamkeit nenne.

Wenn du relational denkst, dann stehen dir alle diese Schichten zur Verfügung. Du kannst unmittelbar auf Informationen aus deinen früheren Leben zurückgreifen oder, wenn die Information, die du brauchst, auch dort nicht zu finden ist, direkt aus dem Wissen deiner zweiten Aufmerksamkeit schöpfen.

Vielleicht hast du schon viele frühere Leben gelebt, in

denen du genauso schöne Frauen gekannt hast», sagte Meister Fwap einschmeichelnd. «Dann könntest du die Informationen darüber, wie du am besten reagierst, aus der Erinnerung deiner vergangenen Leben beziehen. Und wenn du relational denkst, mit Hilfe der zweiten Aufmerksamkeit, dann hast du augenblicklich Zugang zu diesen Informationen.

Vom Zentrum des Kreises aus kannst du augenblicklich alles erfahren, was du wissen mußt», erklärte Meister Fwap, «um angemessen auf jede Situation zu reagieren. Glaub mir, so ist es.»

«Meister Fwap, wie soll das gehen?»

«Man kann alles im Leben auf zweierlei Weise anpakken», erwiderte Meister Fwap. «Entweder man bedient sich der Strukturen, oder man läßt sie ganz hinter sich.

Die meisten Menschen bedienen sich der Strukturen», fuhr er fort. «Wenn du ein Haus bauen willst zum Beispiel, dann entscheidest du dich für einen bestimmten Typ von Haus, suchst dir einen Bauplatz, entwirfst einen Grundriß und baust dann dein Haus.

Aber es gibt noch eine andere Möglichkeit, ein Haus zu bauen – den Weg des tantrischen Buddhismus. Du läßt dich zunächst einmal von einem Bauplatz erwählen. Dann gehst du dorthin und gestattest den Kräften dieses Ortes, dir zu zeigen, welcher Typ von Haus dort gebaut werden sollte, und dann baust du es.»

«Was hat das nun mit der zweiten Aufmerksamkeit zu tun?» Meister Fwaps Erklärungen verwirrten mich wieder einmal. Ich wünschte, er würde mir endlich einmal eine Sache richtig erklären, bevor er zur nächsten überging.

«Nun», sagte Meister Fwap mit heller und glücklicher Stimme, «ich denke, daß alles mit der zweiten Aufmerksamkeit zu tun hat. Darauf wollte ich hinaus.»

«Aber Meister Fwap», protestierte ich, «was ist die zweite Aufmerksamkeit eigentlich?»

«Die zweite Aufmerksamkeit ist die magische Seite des Lebens», erwiderte er ruhig. «Es gibt zwei Seiten der Existenz, die Seite, die du siehst, und die Seite, die du nicht siehst. Die Seite, die du siehst, ist die erste Aufmerksamkeit, und die Seite, die du nicht siehst, ist die zweite Aufmerksamkeit.»

Meister Fwap hielt inne und blickte mich an. Im trüben Licht der Höhle konnte ich ihn immerhin gut genug erkennen, um zu wissen, daß er auf das, was er gerade gesagt hatte, sehr stolz war, selbst wenn ich nicht verstand, warum.

«Die zweite Aufmerksamkeit», fuhr er fort, «liegt jenseits der Strukturen. Mit Strukturen meine ich die Dimensionen der Zeit, des Raumes und des Geistes. Die zweite Aufmerksamkeit ist ein Feld endlosen Lichtes, das knapp jenseits unserer Auffassungsgabe liegt. Es ist die Heimat dessen, was die menschlichen Wesen als magisch oder als Wunder bezeichnen.»

«Aber ich verstehe es immer noch nicht», beschwerte ich mich.

«O doch, du verstehst es», meinte er leichthin. «Du bedienst dich der zweiten Aufmerksamkeit, wann immer du mit deinem Snowboard fährst; das ist der Grund dafür, warum du das Snowboardfahren so gut beherrschst.

Die meisten Menschen glauben nicht an die zweite Aufmerksamkeit», stellte er sachlich fest. «Sie haben sie niemals erfahren, obwohl sie sowohl die Menschen als auch die Welt, in der die Menschen leben, ständig umgibt, die ganze Zeit über.

Die zweite Aufmerksamkeit ist die Kraft des Lebens», erklärte er. «Sie existiert in jedem Atom des Universums; es ist die Kraft, die hinter der Wahrnehmung und hinter allen Dingen steht, die du wahrnimmst.

Siehst du, mein junger Freund» – Meister Fwap wurde plötzlich etwas weicher, als erkläre er einem kleinen Kind eine sehr komplizierte Angelegenheit –, «es gibt viele unsichtbare Wunder des Lebens. Die Existenz des Universums selbst ist ein Wunder. Die Tatsache, daß wir leben und uns dessen bewußt sind, ist ein Wunder. Die Tatsache, daß wir sterben und wiedergeboren werden, ist ein Wunder.

Diese Dinge kann der denkende und berechnende Teil unseres Geistes nicht verstehen. Wir können gewisse Aspekte dieser Wunder mit besagten Teilen unseres Geistes durchforsten, aber wir können sie mit ihrer Hilfe allein niemals wirklich verstehen.

Die zweite Aufmerksamkeit ist das Wesentliche, der

Kern», fuhr er fort. «Sie existiert unabhängig davon, ob wir uns ihrer bewußt sind oder nicht. Durch die Praxis des kurzen Weges des tantrischen buddhistischen Yoga lernen wir, selbst zur Brücke zu werden zwischen der Kraft der zweiten Aufmerksamkeit – der Welt des Magischen – und der Dimensionalität der ersten Aufmerksamkeit, die natürlich die alltägliche Welt ist, in der wir normalerweise leben.

Durch Meditation und andere tantrische Praktiken lernen wir, die magische Seite der Schöpfung anzuzapfen. Es ist die unsichtbare Seite des Lebens, die allen Universen zugrunde liegt und alle Universen trägt.

Die zweite Aufmerksamkeit ist alt und kraftvoll», sagte er abrupt. «Sie kümmert sich nicht um unseren lächerlichen Verstand. Sie bringt Dinge zuwege, die unvorstellbar sind – und zwar ständig. Und wenn du ihrer Kraft gestattest, in dir zu pulsieren, dann wirst du, dann wird dein Leben ein Vehikel für einen Teil ihrer Magie.»

«Gut, Meister Fwap, aber was hat das alles mit Yoga und der Erleuchtung zu tun?»

«Ganz einfach», erwiderte er. «Normalerweise bedarf es vieler Inkarnationen yogischer Praxis, bis ein Mensch größere, strukturelle Veränderungen in seinen Schwingungsmustern herbeiführen und dafür sorgen kann, daß er in anderen Universen wiedergeboren wird. Aber wenn die Kraft der zweiten Aufmerksamkeit in die Praxis des Yoga einfließt oder in irgend etwas anderes, dann ergießt sich die wunderbare Kraft des Universums ebenfalls dort hinein und hat zur Folge, daß Dinge, die normalerweise in viel langsamerem Tempo ablaufen würden, sich viel schneller zutragen. Es führt sogar dazu, daß einige Dinge geschehen, die sonst völlig unmöglich wären.»

«Warum bedient sich dann nicht jeder praktizierende Buddhist der zweiten Aufmerksamkcit?» fragte ich.

«Aber das tun doch alle, die den Buddhismus praktizieren», erwiderte er. «Sie tun es jedesmal, wenn sie meditieren oder sich auf die Welten der Erleuchtung und der höheren Dimensionen in ihrem Geist konzentrieren. Aber die meisten Buddhisten kommen mit der zweiten Aufmerksamkeit nur flüchtig in Berührung. Sie verleiht ihnen Kräfte und schenkt ihnen ein besseres Leben, und das reicht ihnen aus. Aber so geht es nicht allen Buddhisten», lachte er. «Einige von uns wollen in ihrem inneren Himalaya surfen, weißt du.»

«Wie meint Ihr das, Meister Fwap?»

«Die meisten Buddhisten und überhaupt die meisten Menschen sind leicht zufriedenzustellen, und das ist auch ganz in Ordnung so. Aber manche von uns zieht es zu mehr . . . es ist unser Karma. Wir möchten tiefer in die Erleuchtung eingehen und in die Ekstase; wir möchten mit der Erleuchtung verschmelzen und eins mit ihrer Ganzheit werden. Wir wollen das Selbst so schnell wie möglich hinter uns lassen.

Und deshalb praktizieren diejenigen, die so schnell wie möglich die Erleuchtung erlangen möchten, den tantrischen Buddhismus, denn der tantrische Buddhismus ist der schnellste Weg zur Erleuchtung; so einfach ist das.»

«Aber was hat das damit zu tun, daß ich im Himalaya surfe?» fragte ich argwöhnisch.

«Laß mich nur soviel sagen», erwiderte Meister Fwap. «Du bist wie ein tantrischer Buddhist ein Mensch, der Gipfelerfahrungen sucht. Die meisten Menschen deines Alters hätten es nicht für nötig gehalten, ihr Heimatland zu verlassen, wo es viele hohe Berge gibt, auf denen man Snowboard fahren kann, und die weite Reise hierher zu machen, um es im Himalaya zu tun. Aber für dich war das zwingend. Es liegt in deinem Karma, denn du bist, wie du bist.»

«Ist das ein Fehler, Meister Fwap? Bin ich unersättlich?»

«Nein, keineswegs. Es ist einfach die Art und Weise, wie du funktionierst. Die Menschen, die auf dem kurzen tantrischen Weg schnell zur Erleuchtung gelangen wollen, so wie es bei mir war, und jemand wie du, der vom Gipfel des höchsten und majestätischsten Berges der Welt mit dem Snowboard abfahren will, sind nicht unersättlich. Es handelt sich dabei schlicht um Dinge, zu denen ihr Karma sie treibt.

Von einem yogischen Standpunkt aus betrachtet ist es wichtig», fuhr er fort, «nicht geltungssüchtig zu werden. Wenn ein Mensch, der dem kurzen tantrischen Weg zur Erleuchtung folgt, sich ‹geistig erhaben› über jemand anderen fühlt, der einem gemächlicheren Pfad zur Erleuchtung folgt, dann macht dieser Mensch einen großen Fehler und hat nicht verstanden, worauf es bei der Praxis des Yoga überhaupt ankommt.

Das Yoga», fuhr Meister Fwap fort, «lehrt uns, daß wir alle gleich sind. Wir haben vielleicht andere Neigungen als andere Menschen, die wir kennen, und wir befinden uns vielleicht auch auf verschiedenen Stufen des Bewußtseins, aber innerlich sind wir alle gleich.

Wenn du das Gefühl hast, jemand anderem überlegen zu sein, dann mangelt es dir an Erbarmen. Erbarmen ist ein Wort, das die Buddhisten benutzen, um die Erkenntnis auszudrücken, daß wir alle, wenn wir uns auch hinsichtlich unserer Entwicklung, unserer Erscheinung, unserer Talente oder Intelligenz von anderen Wesen im Universum unterscheiden mögen, in den Augen der Ewigkeit gleich viel wert sind. Das ist Weisheit.

Wenn du dich einem anderen überlegen fühlst», fuhr er fort, «sei es auf dem Weg zur Erleuchtung, im Snowboardfahren, in geschäftlicher oder in irgendeiner anderen Hinsicht des Lebens, dann schneidest du dich selbst vom inneren Licht der Erleuchtung ab. Du bist nicht mehr glücklich. Statt dessen bist du allein mit deinem Urteil, mit deiner Selbstgefälligkeit und mit deinem begrenzten Ich. Um das grenzenlose ekstatische Selbst in uns zu erreichen, müssen wir alle Gefühle sowohl der Überlegenheit als auch der Unterlegenheit überwinden. Gefühle der Unterlegenheit sind nichts als eine andere Ausprägung des Ego in einer anderen Verkleidung.

Ich will dich nicht zu falscher Bescheidenheit anhalten, dazu, den Erfolg zu vermeiden oder die Dinge, die du genießt, nicht zu tun», sagte Meister Fwap mit herzlichem Lachen. «Das ist nicht der tantrische Weg.

Erkenne einfach, daß wir alle ein unterschiedliches Karma haben», erklärte er.

«Einige Menschen haben Aspekte ihrer selbst, spezifische Talente und Fähigkeiten in diesem oder in anderen Leben in einer Weise entwickelt, wie es andere nicht getan haben. Erkenne und genieße das Anderssein und die Leistungen anderer.

Genieße auch deine eigenen Kämpfe und Erfolge. Wenn du glücklich sein willst, dann mußt du vermeiden, in die Falle der Selbstgefälligkeit zu geraten; du darfst andere nicht fürchten oder mit Neid betrachten, weil sie etwas können, das du nicht kannst, oder weil sie etwas haben, das du nicht hast.

Denk daran, wir alle bestehen gleichermaßen aus dem vernünftigen Licht der Erleuchtung. Diesem Licht gefällt es, sich selbst in einzigartiger Weise durch jeden von uns in seiner eigenen mysteriösen und besonderen Weise zu artikulieren, aus Gründen, die uns unbegreifbar sind.»

«Aber, Meister Fwap», fragte ich, «gibt es denn keinen Unterschied zwischen dem Verlangen und dem rechten Tun? Wenn ich einfach tue, wonach mir der Sinn steht, dann macht mich das doch nicht glücklich, oder?»

«Da hast du recht. Es gibt sicherlich einen Unterschied zwischen Verlangen und Karma», entgegnete er. «Nicht, daß es irgendwie falsch wäre, Begierden zu erfahren», fuhr er fort. «Denk daran, daß die Begierden nur ein anderer Ausdruck dafür sind, daß das Universum sich selbst liebt, in und durch uns.

Das Karma ist der Grad deines Bewußt-Seins – es ist das, wohin es dich im Leben zieht», erklärte er. «Es bleibt dir so lange treu, wie sich der Grad deines Bewußtseins nicht ändert. Es ist dir verhaftet, wie die Erde der Sonne verhaftet ist: Solange das Gravitationsfeld der Sonne stärker ist als das der Erde, muß sich die Erde um die Sonne drehen.

Dein Bewußtsein, das dein Karma ist, bindet dich an die Dinge», erklärte Meister Fwap. «Das ist nicht dasselbe wie Begierde. Begierde ist ein kurzfristiges Hingezogensein zu einem Objekt, einer Erfahrung oder einem anderen Aspekt des Lebens. Begierde verblaßt mit der Zeit, manchmal bereits in den Minuten oder Sekunden ihrer Erfüllung. Nur sehr wenige Begierden halten mehr als ein paar Jahre an, ganz zu schweigen von der gesamten Zeitspanne einer Inkarnation.

Wenn du dich also in unerklärlicher Weise zu etwas, einer Erfahrung oder jemandem hingezogen fühlst und diese Anziehung nicht vorübergeht, dann erkennst du daran, daß es sich um dein Karma handelt und nicht einfach um eine weitere vergängliche Begierde. Und wenn es eine besonders starke Anziehung ist, die nicht vorübergehen will, dann stammt sie wahrscheinlich aus deinen früheren Leben. Und wenn du deinem Karma nicht folgst, wenn du versuchst, ihm zu entgehen und dem zu entfliehen, was immer es auch für dich bereithalten mag, dann wirst du niemals glücklich sein oder Frieden mit dir selbst finden, ganz gleich, was du in dieser oder jeder anderen Welt tust oder erreichst.»

«Und was hat das alles jetzt mit relationalem Denken zu tun, Meister Fwap?»

«Dein Geist besitzt die Fähigkeit, sowohl relational als auch logisch wahrzunehmen», antwortete er freudig. «Beide Methoden der Wahrnehmung sind gut und dienen verschiedenen Zwecken. Das Problem liegt darin, daß den meisten Menschen beigebracht wird, die Dinge nur auf eine Weise wahrzunehmen – logisch. Sie entwikkeln niemals die ihnen innewohnende Fähigkeit, Dinge vom Mittelpunkt des Kreises aus wahrzunehmen. Verstehst du jetzt?»

«Ich glaube ja, Meister Fwap», sagte ich etwas zögernd.

«Gut, dann gib mir bitte ein Beispiel», sagte er und brach in prustendes Gelächter aus.

Ich hielt eine Minute inne, um meine Gedanken zu sammeln. Während wir schweigend dasaßen und ich versuchte, alles, was Meister Fwap gerade gesagt hatte, noch einmal zu rekapitulieren, begriff ich plötzlich, daß mir überhaupt nicht kalt war. Ich wollte gerade eine Bemerkung über die erstaunliche Wärme in der Höhle machen, als mir wieder einfiel, daß Meister Fwap geduldig darauf wartete, daß ich ihm eine Antwort gab.

«Meister Fwap, Ihr sagt, das Universum sei ein einziger großer Geist. Ist das richtig?»

«Genau!» erwiderte er.

«Und wir alle sind Teil dieses großen Geistes, und er ist ebenfalls ein Teil von uns.»

«Ja», stimmte er zu, «bitte, fahr fort...»

«Nun, relational gesprochen, kann ich die zweite Aufmerksamkeit erreichen, indem ich meine Gedanken zum Erliegen bringe, und in meiner zweiten Aufmerksamkeit kann ich das Universum auf andere Weise betrachten, von dem her, was Ihr als den Mittelpunkt des Kreises der Wahrnehmung bezeichnet. Von dort aus kann ich auf das Wissen meines jetzigen und meiner früheren Leben zurückgreifen und ebenfalls direkt auf die zweite Aufmerksamkeit, die das essentielle Wissen des Universums darstellt.

Wenn ich also mit dem Snowboard einen Berg hinabführe und ein buddhistischer Mönch erschiene plötzlich vor mir, könnte ich mich – statt in Panik zu geraten und die Sache zu vermasseln, wie ich es getan habe – dem Fluß der Erfahrung überlassen. Um das zu tun, müßte ich einfach die Tatsache akzeptieren, daß Ihr da wärt, als ob es sich um eine ganz alltägliche Erscheinung handelte, und von einer tieferen Ebene des Bewußtseins aus damit fertig werden. Ist das richtig?»

«Du hast es erfaßt!» sagte er und klatschte beifällig in die Hände.

Wir saßen noch ein Weilchen in der Höhle. Meister

Fwap erklärte mir, daß ich das neue Verständnis des relationalen Denkens noch eine Weile auf mich wirken lassen solle, bevor wir der hilfreichen Energie der Höhle den Rücken kehrten.

* * *

Als ich so schweigend neben Meister Fwap in der Höhle saß, durchlief meinen Körper und meinen Geist eine Vielzahl verschiedener Empfindungen. Manchmal hatte ich das Gefühl, als sei das ganze Universum ein Teil meiner selbst, und manchmal spürte ich, daß ich meinerseits ein kleiner Teil des Universums war.

Nach einiger Zeit verließen wir die Höhle des Sehens und wanderten den gewundenen Gebirgsweg hinunter, bis wir den Rhododendronwald erreichten. Nachdem wir ungefähr eine Stunde lang durch den Wald gegangen waren, kamen wir in ein Tal mit einer kleinen Einsiedelei, die von einigen mit Meister Fwap befreundeten buddhistischen Mönchen unterhalten wurde.

Die nächsten paar Tage verbrachten wir mit Meister Fwaps Mönchsfreunden im Kloster, und ich bin weder vorher noch nachher jemals wieder so glücklich gewesen. Aber das ist eine andere Geschichte für ein anderes Kapitel.

FÜNFZEHNTES KAPITEL

Gipfelerfahrungen

Das alte Kloster war am Rande des Rhododendronwaldes in einen Felshang hineingebaut worden. Es beherbergte fünfzehn buddhistische Mönche; vordem waren es einmal, wie Meister Fwap mir versicherte, mehr als hundert gewesen.

Das Gebäude war aus Stein, Holz und Putz errichtet. Dutzende von Gebetsfahnen in leuchtenden Farben und Steine mit der Gravur «Om Mani Padme Hum» verschönerten den vorderen Hof. Die Meditationshalle war groß: Ich schätzte, daß darin gut über hundert Mönche gleichzeitig meditieren konnten. Hinter und über der Meditationshalle befanden sich eine Küche und die Studierzimmer.

Wir waren bei Sonnenuntergang angekommen, gerade als im Kloster die Lampen angezündet wurden. Während wir noch vor dem Kloster standen und den ganzen Komplex betrachteten, kamen zwei Mönche in den Vorhof hinaus und bliesen auf zwei Musikinstrumenten, die aussahen wie mehr als zwei Meter lange Oboen. Ich kann nicht sagen, daß ihr Klang mir gefallen hätte, aber aus der strahlend glücklichen Miene von Meister Fwap schloß ich, daß er die Musik genoß.

Kurz nach unserer Ankunft kamen alle Mönche nach draußen, um uns zu begrüßen. Sie lächelten mir zu, und einige der jüngeren Mönche kamen auf mich zu und verbeugten sich.

Die Aufmerksamkeit, mit der sie Meister Fwap gegenübertraten, zeigte mir, daß ihn die Mönche aus dem Kloster zu kennen, zu lieben und tief zu respektieren schienen. Ich bemerkte auch, daß er sich unter ihnen anders benahm als in meiner Gesellschaft. Er schien sich wohler zu fühlen.

Wir wurden in die Küche geleitet und aufgefordert, uns mit den Mönchen an einen langen Tisch zu setzen. Sie alle lachten und schwatzten mit Meister Fwap auf Nepalesisch, während zwei der jüngeren Mönche uns beiden Tee servierten.

Nach dem Tee wurden Meister Fwap und ich in den Nordflügel geleitet und in den Raum des Oberlamas des Klosters geführt.

Dieser Mönch war sehr alt. Er saß in seinem großen Gemach, das ihm sowohl als Schlafraum wie auch als Büro diente, auf einer Meditationscouch. Er begrüßte mich mit einem warmen, breiten Lächeln.

Ich mochte ihn vom ersten Augenblick an. Trotz seines fortgeschrittenen Alters umgab ihn etwas sehr Jugendliches; er schien mir sehr unschuldig und verletzlich zu sein. Meister Fwap erzählte ihm etwas in einer mir unbekannten Sprache, und dann begannen beide, kindisch zu kichern.

Später erklärte mir Meister Fwap, der Oberlama sei wie er selbst Tibeter. Sie hätten sich in ihrer Muttersprache über mich unterhalten und Witze gemacht, so daß nur sie beide es verstanden.

Nach einigen Minuten erschien lautlos einer der jüngeren Mönche an der Tür und führte mich in einen anderen Teil des Klosters, wo ich wohnen sollte.

* * *

Man wies mir ein kleines Zimmer am Ende des Südflügels als Wohnraum zu. Es war spärlich möbliert und roch durchdringend nach Weihrauch. Mitten im Zimmer stand ein Feldbett. In eine der Wände waren zwei kleine Kommoden aus dunklem, Teak-ähnlichem Holz eingelassen. An der Stirnseite, gegenüber der Eingangstür, hing ein leuchtendbuntes Thanka mit Szenen aus dem Leben des Buddha.

* * *

Ich erinnere mich nicht daran, während der Nächte, die ich im Kloster schlief, geträumt zu haben. Meine Tage waren ausgefüllt von gemeinsamen Spaziergängen mit den jüngeren Mönchen und von der Küchenarbeit, bei der ich ihnen half.

Einer der jüngeren Mönche, der ungefähr in meinem Alter war, hatte die Aufgabe übernommen, mir Nepalesisch beizubringen. Im Gegenzug bat er mich, ihn Englisch zu lehren. Wir verbrachten die Vor- und Nachmittage zusammen, wenn ich nicht in der Küche arbeitete; wir spazierten um das Kloster herum, deuteten auf alles, was wir sahen, und benannten es auf nepalesisch und auf englisch.

Er hieß Ananda. Mit seinen paar Brocken Englisch erzählte er mir, daß er aus einem winzigen Dorf im südwestlichen Nepal stamme. Bevor er hierhergekommen sei, habe er schon in einigen anderen Klöstern gelebt. Das Kloster, in dem wir uns jetzt befanden, bezeichnete er als «Felskloster». Er sagte, er sei siebzehn Jahre alt.

Mir gefiel der Tagesablauf im Kloster. Jeden Morgen standen wir mit der Sonne auf. Wir badeten in einem eiskalten Wasserfall, der donnernd die Felswand herabgestürzt kam, und gingen dann, nachdem wir uns in der Küche mit heißem, gebuttertem Tee versorgt hatten, alle gemeinsam zur Frühmeditation in die Meditationshalle.

Die Meditationshalle hatte keine Fenster. Sie wurde erleuchtet von Dutzenden kleiner Kerzen. Die Wände waren bedeckt mit strahlend bunten Thankas, die in phantastisch verschlungenen Bildern Buddhas, Götter, Göttinnen und Szenen aus einer anderen Welt darstellten.

Jeden Morgen setzte ich mich mit gekreuzten Beinen an die Stirnseite der Halle neben Meister Fwap auf ein Meditationspolster. Vor uns stand – neben einer Statue des Buddha – völlig bewegungslos der Oberlama, bis alle anderen Mönche anwesend waren und Platz genommen hatten. Dann läutete er eine kleine Glocke. Unverzüglich schlossen alle die Augen und begannen mit ihrer Meditation.

Ich versuchte, mich an Meister Fwaps Anleitungen zu halten, und meditierte, so gut ich konnte. Am Anfang jeder Sitzung dachte ich meistens noch an irgend etwas, aber im Laufe der Frühmeditation verlangsamten sich meine Gedanken, und gelegentlich – für sehr kurze Zeitspannen – kamen sie völlig zum Erliegen.

Während dieser Zeiten empfand ich ähnliche Gefühle wie damals, als ich in der Höhle des Sehens neben Meister Fwap gesessen hatte. Ich konnte eine vollkommene Bewegungslosigkeit in mir spüren. Das Universum schien in mich einzugehen und ich in es; ich hatte das Gefühl, daß ich ein Teil von allem war, und empfand keine Furcht mehr.

Mir fiel auf, daß jeden Morgen ungefähr fünfzehn Minuten nach dem Ende der Meditationssitzung alles, was ich sah, zu funkeln begann. Mein Blick schien klarer zu werden und die Welt um mich herum heller und deutlicher. Einmal befragte ich morgens nach der Meditation Meister Fwap zu dieser Erscheinung. Er erklärte mir, daß die Dinge immer so hell seien, daß ich aber die Frühmeditation bräuchte, um meinen Geist so weit zu reinigen, daß ich sehen konnte, wie schön das Leben in Wirklichkeit war.

Eines Tages – wir waren jetzt ungefähr eine Woche im Felskloster – verbrachten Meister Fwap und ich den Nachmittag im Klostergarten. Es war ein sonniger Tag, und ich saß mit einer Tasse dampfendem Buttertee in der Hand faul in der Sonne.

Meister Fwap war an jenem Tag das reine Lächeln. Er sagte mir, wir würden in einigen Tagen aufbrechen müssen, ich solle die Zeit genießen, die uns noch im Kloster blieb.

Er ließ mich wissen, daß dieses Kloster sein Lieblingskloster im ganzen Himalaya sei. Er komme immer hierher, wenn er seinen Geist reinigen und seine Lebenskräfte erneuern und verjüngen wolle.

«Gewöhnlich verbringe ich, wenn ich hierherkomme», begann er, «den größten Teil meiner Zeit damit, in diesem Garten zu meditieren. Die leuchtenden Energielinien dieses Tales laufen alle genau hier in diesem Garten zusammen. Diese Energielinien sind besonders durchlässig für Samadhi.»

«Warum ist das so?» fragte ich.

«Weil sie von einer Dimension vollkommenen Lichtes ausgehen», erwiderte er mit einem hellen, frohen Lachen.

«Wie ich dir in der Höhle des Sehens schon erklärt habe, sind unterschiedliche physische Orte mit unterschiedlichen Dimensionen verbunden. Die buddhistischen Klöster sind an Plätzen erbaut, deren Phasen an Dimensionen von hellstem und vollkommenstem Licht gekoppelt sind», erwiderte er.

«Schau dich um», fuhr er fort. «Wir sind hier in einem Tal, das rundum von den Bergen des Himalaya umgeben ist. Es gibt hier nichts anderes als schneebedeckte Berge und den Rhododendronwald.

Die einzigen Menschen, die hier leben, sind die buddhistischen Mönche, die fortwährend über das Dharma meditieren – über die glücklichsten Gedanken und Gefühle im Universum. Hier gibt es keine Selbstsucht. Alle Energien der Mönche sind darauf gerichtet, ihren Geist mit dem Ozean der reinen Erleuchtung des Nirwana zu verschmelzen.»

«Aber Meister Fwap, geht denn nun die höhere Energie an diesem Ort von den leuchtenden Energielinien oder von den meditierenden Mönchen aus?»

«Ursprünglich gab es hier keine Mönche und kein Kloster», erwiderte er. «Es gab nur den Himalaya und den Rhododendronwald. Die dimensionalen Ebenen, die mit diesem Tal in Verbindung stehen, bestanden damals und bestanden immer schon aus reinem, vernünftigem Licht.

Der Himalaya ist voller Plätze wie diesem», fuhr er fort. «Und da es, wenn überhaupt, nur wenige Menschen an diesen Plätzen gibt, sind diese Orte der Kraft und der Erleuchtung relativ frei geblieben von der Aura der weltlichen menschlichen Wesen.»

«Meister Fwap, gibt es auch außerhalb des Himalaya Plätze wie diesen?»

«Ja, es gibt einige wenige auf jedem Kontinent und auch auf einigen Inseln», erwiderte er mit einem Lächeln. «Aber die meisten davon sind durch Städte, die in ihrer Nähe oder unmittelbar auf ihnen angelegt wurden, so verunreinigt, daß sie nicht mehr dazu taugen, Samadhi zu erlangen.»

«Warum bedarf es eines besonderen Ortes, um Samadhi zu erlangen?» fragte ich. «Ich dachte, wenn man erleuchtet ist, dann kann man sich an jedem Ort in das Samadhi begeben. Wenn Samadhi ein tief meditativer Geisteszustand ist, warum ist dann der physische Ort so wichtig, an dem man diesen Zustand zu erreichen versucht?»

Meister Fwap lachte. Er war entzückt über meine Frage. Ich wußte, daß ihn die Tatsache erheiterte, daß ich mich endlich dazu entschlossen hatte, ihm eine Frage zur Meditation zu stellen statt zu meinem ständigen Thema, dem Snowboardfahren.

«Dabei spielt zweierlei eine Rolle», hob Meister Fwap an, «das du als einander ergänzend und nicht als einander entgegengesetzt oder unabhängig voneinander betrachten solltest. Es ist beides gleich wichtig.

Zum einen mußt du verstehen, was die verschiedenen Stufen des Samadhi sind und wie sie erreicht werden, dir also ein rein technisches Verständnis der Meditationstechniken und -methoden aneignen. Und zum anderen mußt du wissen, wie die höheren Energien paralleler

Dimensionen und die Kraftpunkte genutzt werden können, um das allgemeine geistige Bewußtsein zu erhöhen, und wie man es sich mit ihrer Hilfe erleichtert, Samadhi zu erfahren.»

«Meister Fwap, ich meine, Ihr hättet gesagt, Samadhi sei die Abwesenheit von Gedanken? Ich habe das einige Male erfahren, seit wir hier sind, während meiner Frühmeditationen. Bedeutet das, daß ich bereits in das Samadhi eingetreten bin?»

Meister Fwap lachte von ganzem Herzen. Seine Augen funkelten vor Vergnügen, während er sagte: «Nein, ich fürchte, das, was du bisher in deinen Frühmeditationen erlebt hast, waren ein paar Minuten guter Meditation, aber kein Samadhi.»

«Nun, könnt Ihr mir dann wohl erklären, was Samadhi ist?» fragte ich frustriert.

«Samadhi», erwiderte Meister Fwap, «ist natürlich die Abwesenheit von Gedanken. Aber wollen wir sagen, daß die Abwesenheit von Gedanken ein Anzeichen dafür ist, daß du in ein tiefes Stadium der Meditation eingetreten bist. Eine wirkliche Erfahrung von Samadhi muß daneben noch verschiedene andere Aspekte aufweisen.

Gleich vorweg möchte ich sagen, daß es an sich nichts Besonderes ist, in der Meditation Samadhi zu erfahren. Andererseits ist es in unserer Welt etwas Rares; von all den Hunderttausenden buddhistischer Mönche, die jeden Tag meditieren, ist nur eine Handvoll in der Lage, bei jeder Meditation Samadhi zu erleben.

Gemäß unserer yogischen Traditionen bedeutet Samadhi das vollkommene Bewußtsein Gottes oder, um es weniger religiös auszudrücken, die zeitweilige Verschmelzung deines Geistes und des Geistes des Universums in einer absoluten, ekstatischen Einheit.

Man unterscheidet drei Stufen des Samadhi – Salvikalpa Samadhi, Nirvikalpa Samadhi und Sahaja Samadhi. Salvikalpa Samadhi ist wie der zufällige Sturz in einen schönen und reinen See absoluter Glückseligkeit. Du hast dich nicht absichtlich hineingestürzt, aber nichtsdestoweniger war es sehr erfrischend.

Nirvikalpa Samadhi ist das absichtliche Eintauchen in den gleichen See, das Schwimmen und Spielen darin. Sahaja Samadhi ist wie das Leben auf einem Hausboot in der Mitte dieses Sees der Glückseligkeit, mit nur gelegentlichen Besuchen am Ufer, um Vorräte zu besorgen.

Der Geist der Unendlichkeit ist überall», rief Meister Fwap jubelnd aus. «Er ist überall um uns herum, in uns und jenseits von uns: Er ist gleichzeitig überall und nirgends.

In gewissem Ausmaß erfahren wir den Geist Gottes in allen Dingen. Wir erleben ihn in der Welt, die wir jeden Tag sehen und spüren, in den Menschen, die wir kennen, in den Gedanken, die wir denken, und in den Gefühlen, die wir empfinden. Die körperlichen Universen, die astralen und kausalen Dimensionen sind schlicht verschiedene Aspekte des Geistes Gottes.

Aber wenn wir das Leben mittels unserer Sinne und

Gedanken erfahren, erfahren wir nicht seine wesenhafte Natur, seine reinste und strahlendste Form. Statt dessen erfahren wir nur die äußere Tünche der Ekstase des Lebens. Der größte Teil des Wassers in einem See liegt unter seiner Oberfläche verborgen», fuhr Meister Fwap fort. «Und in sehr ähnlicher Weise ist auch nur ein kleiner Teil des Lebens sichtbar. Der überwiegende Teil des Lebens ist nicht körperlich; er existiert jenseits der körperlichen Oberfläche des Lebens in anderen Dimensionen.

Wenn du das Leben in seiner Ganzheit erfahren willst, ist es notwendig, in das Samadhi einzutreten. Wenn du deine Gedanken während der Meditation für ein paar Minuten zum Stillstand bringst – das hast du während der vergangenen Frühmeditationen in der Meditationshalle einige Male erlebt –, wirst du einen flüchtigen Blick auf die inneren Tiefen der Unendlichkeit erhaschen. Aber im Samadhi empfängst du mehr als nur einen flüchtigen Blick; du erlebst die unendlichen, ewigen und vollkommenen Tiefen der Existenz.

Die Erfahrung von Samadhi ist nie zweimal die gleiche», fuhr er fort. «In gewisser Weise verhält es sich damit so ähnlich wie bei der Besteigung eines unserer Berge im Himalaya. Die Wetterbedingungen und die Menge von Schnee, die ihn bedeckt, ändern sich ständig. Selbst wenn du den gleichen Berg wieder und wieder besteigst, wirst du wegen der ständig wechselnden klimatischen Bedingungen auf dem Berg niemals zweimal genau die gleichen Erfahrungen machen.

Weil das Nirwana endlos ist, immer neu, unverändert und doch in ständiger Veränderung begriffen, und weil deine Fähigkeit, es zu erfahren – auf dem Berg der Meditation weiter dem Gipfel entgegenzuklettern, um es so auszudrücken –, ebenfalls im gleichen Maß anwächst, wie dein Leben leichter und kraftvoller wird, sind deine Erfahrungen im Samadhi – deine ekstatischen Reisen ins Nirwana – niemals genau die gleichen wie zuvor.

Samadhi ist Ekstase, die über jedes Fassungsvermögen hinausgeht», fuhr Meister Fwap fort. «In der tiefen Meditation, wenn du beginnst, in das Samadhi einzutreten, vibriert zunächst jede Zelle deines Körpers in einer heftigen Ekstase. Diese Ekstase nimmt ihren Ausgang am Grund deines Rückgrats und steigt mit der Kundalini-Energie deine Sushumna hinauf.

Deine Sushumna ist die Hauptleitbahn der Kundalini-Energie in deinem nichtkörperlichen Leib. Es ist eine astrale Nervenbahn, die all deine größeren Chakras verbindet. Sie nimmt ihren Ausgang am Ende deines Rückgrats, wo sich dein erstes Chakra befindet, und verläuft dann durch dein Milzchakra, dein Nabelchakra, dein Herzchakra, dein Kehlchakra hinauf und endet in deinem sechsten Chakra, dem dritten Auge, das mitten auf deiner Stirn seinen Platz hat. Das Sushumna verläuft in der Astralebene direkt neben und längs deiner Wirbelsäule.

Um ins Samadhi einzutreten, mußt du die Kundalini-Energie von deinem Wurzelchakra, dem ersten Chakra an der Basis deines Rückgrats, den ganzen Weg hinauf zu deinem dritten Auge ziehen! Dann mußt du alle Kundalini-Energie, die du in deinem sechsten Chakra, dem dritten Auge, versammelt hast, in dein siebtes Chakra aufsteigen lassen – das wir im buddhistischen Yoga als Kronenchakra bezeichnen.

Dies ist die Hauptschwierigkeit, denn das Kronenchakra steht nicht direkt über das Sushumna mit dem dritten Auge in Verbindung. Es bedarf großer Willensanstrengung und einer völligen Reinheit der Schwingungen, die Kundalini-Energie über die gesamte Strecke vom dritten Auge hinauf in das Kronenchakra zu übertragen.

Wenn die Kundalini-Energie dein Kronenchakra erreicht, erfährst du Samadhi. Und Samadhi ist die direkte Erfahrung des Nirwana.

Das Kronenchakra ist der Knotenpunkt von eintausend dimensionalen Ebenen. Aus diesem Grund wird es im buddhistischen Yoga oft der tausendblättrige Lotus des Lichtes genannt.

Die Menge an Kundalini, die du in dein Kronenchakra zu übertragen in der Lage bist», sagte Meister Fwap, «bestimmt, wie viele dieser Dimensionen – der Blütenblätter des Kronenchakras – gleichzeitig aktiv werden. Die verschiedenen Zustände des Samadhi sind nichts anderes als ein Maß dafür, wie viele der tausend Blütenblätter des Kronenchakras du gleichzeitig erreichen kannst. Je mehr Dimensionen in deinem Kronenchakra du gleichzeitig erreichst, desto ekstatischer ist dein Samadhi und desto vollkommener wird deine Erfahrung des Nirwana sein.

Denk bitte daran», sagte Meister Fwap entschlossen und förmlich, «daß das, was ich dir gerade beschrieben habe, nur eine unbeholfene Wegbeschreibung ist, wie du die Erfahrung des Samadhi erreichen kannst. Es handelt sich bestenfalls um ein Flußdiagramm der Bewegungen des Kundalini.

Es gehört sehr viel mehr dazu, Samadhi, Erleuchtung und die Erfahrung des Nirwana zu erreichen, als ich dir mit dieser einfachen verbalen Beschreibung habe mitteilen können! Die Feinheiten des Samadhi und das Wie des Erleuchtetwerdens und Einswerdens mit dem Nirwana erlernst du, indem du von einem erleuchteten buddhistischen Meister persönlich eingeweiht und direkt unterrichtet wirst.»

«Meister Fwap, wie wirkt sich die Bewegung all dieser Energie durch Eure Chakras auf Euch aus?»

«Wenn sich die Kundalini-Energie dein Sushumna hinaufbewegt und deine Chakras durchströmt – das tut sie, wenn du in der Lage bist, all deine Gedanken für einen längeren Zeitraum anzuhalten –, dann verbrennt sie alle Unreinheiten, die innerhalb deines körperlichen Leibs, deines Geistes und deines feinstofflichen Körpers existieren. Wenn all diese Unreinheiten völlig verbrannt sind, verwandelt sich dein Geist in reines Licht.

Dann tritt die Essenz deines geistigen Leibes als Licht in vollkommener Weise ins Nirwana ein. Zuerst wirst du noch eine leichte Empfindung des Andersseins verspüren: so, als schlüpftest du mit den Füßen in ein paar Schuhe, die dir wie angegossen passen, und spürtest noch einen Augenblick lang, wie deine Füße hineingleiten – aber nach einigen Minuten kannst du die Schuhe nicht mehr wahrnehmen, kannst nicht mehr spüren, daß da noch etwas anderes ist als deine Füße.

Nachdem man für viele Lebensspannen immer wieder in das Samadhi eingetreten ist», erklärte mir Meister Fwap, «verliert sich das Gefühl der Individualität. Du löst dich bewegungslos im Herzen des Lichtes auf. Du ruhst dort, ohne zu wissen. Jedes Bewußtsein davon oder von irgendeiner anderen Ebene oder Welt findet ein Ende. Es gibt nur noch Licht, das reine und vollkommene Bewußtsein des Nirwana.

Sowohl die Tiefe deines Eindringens ins Nirwana als auch die Zeitspanne, die du in dieser vollkommenen Auflösung zubringen kannst, hängen ab von der Stärke deines Geistes, deines Körpers und deiner Seele, von der Menge an Energie, die dir zur Verfügung steht, und außerdem in gewissem Grad von dem physischen Ort, an dem du dich befindest.»

«Warum das, Meister Fwap?»

«Weil kein Ort so ist wie der andere. Dem nicht erleuchteten Auge mögen sie ähnlich erscheinen, aber sie stehen mit unterschiedlichen Dimensionen in Verbindung und besitzen unterschiedliche Grade und Typen pranischer Energie.

Eines der Hilfsmittel, mit denen du in das Samadhi gelangen kannst», fuhr Meister Fwap fort, «nachdem du ein angemessenes Training hinter dir hast und die geheimen Techniken von einem erleuchteten Meister erlernt hast, ist, zur richtigen Zeit am richtigen Ort zu sein.»

«Meister Fwap», fragte ich, «was versteht Ihr unter Training und welches sind die geheimen Techniken?»

Zur Antwort auf meine Frage lachte er von Herzen. «Du willst alles auf einmal wissen», lächelte er. «Ich nehme an, das ist die amerikanische Art. Nun», fuhr er fort, «du kannst nicht erwarten, Samadhi ohne ein angemessenes Training zu erfahren, oder? In das Samadhi einzutreten hat ein wenig Ähnlichkeit mit dem Fliegen eines Flugzeuges. Ohne jede Anleitung wirst du wahrscheinlich nicht einmal wissen, wie du die Maschine starten sollst. Mit ein wenig Anleitung bist du vielleicht in der Lage abzuheben, aber du weißt nicht, wie du fliegen mußt. Wenn die Anleitung den rechten Umfang hat, dann wirst du in der Lage sein, normale Flugsituationen zu beherrschen. Wenn du aber in höhere Höhen aufsteigen willst, wo die Wetterverhältnisse problematischer sind, aber dafür der Blick um so atemberaubender, dann brauchst du eine noch umfangreichere Anleitung.»

«Aber, Meister Fwap, habt Ihr nicht eben gesagt, daß man nur die Kundalini-Energie längs des Rückgrats hinaufziehen und zusehen muß, daß sie das Kronenchakra entzündet? Warum sollte man über die dazu notwendigen Techniken hinaus weitere Anleitungen benötigen?»

«Noch einmal, hab bitte Geduld. Ich weiß, daß meine Erklärungen manchmal recht langwierig sind. Aber du bist dabei, etwas sehr Kompliziertes zu lernen, das buddhistische Yoga, und es ist wichtig, daß du dessen Grundlagen erfaßt hast, bevor wir uns gemeinsam in interdimensionale Räume begeben.

Es ist für den ernsthaften Studenten des buddhistischen Yoga unabdingbar», fuhr er fort, «von einem erleuchteten Meister unterwiesen zu werden.»

«Warum, Meister Fwap? Sicherlich läßt sich alles leichter und schneller lernen, wenn man einen guten Lehrer hat, aber warum kann man buddhistisches Yoga nicht aus einem Buch lernen, so wie alle anderen Dinge auch?»

«Buddhistisches Yoga ist das Studium der Kraft, des Gleichgewichts und des Wissens», erwiderte Meister Fwap. «Diese drei Schritte führen dich zu einem erleuchteten Bewußtsein. Du darfst keinen von ihnen auslassen, sonst wird es dir nicht gelingen, ins Samadhi einzutreten.

Einen gewissen Teil der grundlegenden Lehren des buddhistischen Yoga kann man aus Büchern lernen», sagte er. «Du kannst zum Beispiel über all das, worüber wir uns unterhalten, etwas lesen. Aber um höheres Yoga wirklich zu praktizieren, bedarfst du der Energie, der Reinheit der Schwingungen, des Vorbildes, des Humors, der Geduld und der Weisheit eines lebenden Meisters.

Was du als erstes und Grundlegendstes gewinnst, wenn du bei einem Meister studierst, ist die reine Kraft», erklärte mir Meister Fwap. «Wenn du mit deinem Meister zusammen bist, dann überträgt er hochgradige Kundalini-Energie in deinen feinstofflichen Körper.

Der Kraftstrom, der von deinem Meister ausgeht, lädt deine Chakras mit Energie und aktiviert sie und gestattet dir so, Dinge zu tun, die dir mit der gewöhnlichen Menge an Energie, über die du verfügst, nicht möglich wären.

Sieh es einmal so», fuhr er fort. «Wenn du an einer Universität studierst und dir nur sehr wenig Geld zur Verfügung steht, dann ist der Umfang deiner Aktivitäten sehr begrenzt. Wenn du aber ein Stipendium hast und regelmäßig Geld auf dein Konto eingezahlt wird, dann hast du viel größere Möglichkeiten.

Der Energiefluß aus der Aura deines Meisters erweckt deine Fähigkeiten und Talente aus früheren Leben und kann selbst deinen Intelligenzquotienten in die Höhe treiben.

Wenn du direkt von einem erleuchteten Meister unterrichtet wirst», setzte er seine Erklärung fort, «werden deine Schwingungen rein. Es reicht schon, daß du dich regelmäßig innerhalb der Aura deines Meisters befindest, um deine eigene Aura zu entgiften und sogar dazu beizutragen, viele der negativen karmischen Muster zu entfernen, die du im Laufe deiner Inkarnationen erworben hast.

Ebenfalls bedeutsam ist, daß du während deines Studiums bei einem Meister ein Vorbild vor Augen hast. Wenn du deinen Meister in verschiedenen Situationen beobachtest, wirst du einen eigenen Eindruck davon gewinnen, wie ein buddhistischer Meister in allen Situationen auch unter Druck seine natürliche Eleganz nicht verliert. Das Leben ist niemals einfach, nicht einmal für die Erleuchteten. Ganz im Gegenteil, oft werden die erleuchteten Meister von der Gesellschaft, in der sie leben, sogar bedrängt und verfolgt.»

«Welchen Grund hat das, Meister Fwap?»

«Ein erleuchteter Meister ist geradezu schmerzhaft ehrlich zu den Menschen. Die Menschen sind es so sehr gewohnt, einander und sich selbst zu belügen, daß sie inzwischen die meisten ihrer Lügen die Wahrheit nennen. Aber ein erleuchteter Meister spricht immer die echte Wahrheit. Das macht ihn bei vielen Leuten unbeliebt; die eigenen Schüler bilden da keine Ausnahme.

Aber wenn das, was du wahrhaft erstrebst, Erleuchtung ist», fuhr Meister Fwap gewichtig fort, «dann wirst du die Ehrlichkeit deines Meisters wünschen und benötigen, selbst wenn dein riesiges Ego dabei Kratzer abbekommt.»

«Was hat nun all das wieder mit dem Eintritt ins Samadhi zu tun und damit, ob ein physischer Ort wie dieses Tal diesen Eintritt befördern kann?» fragte ich.

«Das liegt an den pranischen Strömungen hier», erwiderte er knapp.

«Was genau ist eine pranische Strömung?» fragte ich frustriert.

«Es ist ein unsichtbarer Energiestrom, der von einer

Dimension in eine andere fließt. Wenn die pranische Strömung stark geladen ist – das ist der Fall, wenn die Energie aus einer Dimension mit sehr schnellen Schwingungen kommt –, dann lädt sich das physische Gebiet, das von jener Dimension gekreuzt wird, ebenfalls stark auf. Das Tal, in dem wir uns befinden, ist ein solcher Ort.

Wenn die pranischen Ströme aus einer Dimension kommen, die langsamer schwingt als die Energie in unserer eigenen Dimension, dann wird sich das physische Gebiet der pranischen Kreuzung negativ aufladen.»

«Und was hat das zur Folge?»

«Wenn du dich an einem solchen Platz befindest, wird sich die Schwingungsrate deines feinstofflichen Körpers verringern, du wirst dich müde und ausgelaugt fühlen. Wenn du zu lange dort verweilst, kannst du körperlich krank werden. Überdies erschwert der Aufenthalt in einem negativ aufgeladenen Gebiet die spirituelle Wahrnehmung – manchmal verhindert er sie sogar völlig.

Demgegenüber ist ein Tal wie dieses hier mit positiver pranischer Energie erfüllt: Diese Energie beschleunigt die Schwingungsrate deines feinstofflichen Körpers. Wenn du hier meditierst, sei es auf einer niedrigen Ebene, sei es im Samadhi, erleichtert es dir der zusätzliche Antrieb durch das an diesem Ort verfügbare positiv aufgeladene Prana, ein höheres Stadium der Meditation zu erreichen.

Wenn der Wind in die gleiche Richtung weht, in die ein Flugzeug fliegt, dann wird er das Flugzeug deutlich beschleunigen», stellte Meister Fwap fest. «Wenn das Flugzeug gegen den Wind fliegt, wird es langsamer. Pranische Ströme funktionieren auf fast die gleiche Weise: Sie können dich in deiner Meditationspraxis voranbringen oder dich hemmen, abhängig vom Typ und der Intensität der pranischen Energie, die gerade herrscht. Das soll für den Moment reichen», sagte er. «Laß uns eine Weile meditieren und dann zusammen zum Lama gehen.»

Meister Fwap schloß die Augen und versank in Meditation. Nach einigen Augenblicken umgab ihn goldenes Licht. Bald war das goldene Licht, das von ihm ausging, so dicht geworden, daß ich ihn kaum noch sehen konnte.

Nachdem ich eine Weile zugesehen hatte, wie das goldene Licht Meister Fwap umströmte, schloß ich die Augen und entspannte meinen Geist. Als nächstes nahm ich wahr, wie mir Meister Fwap auf die Schulter klopfte. Ich öffnete die Augen, und zu meinem großen Erstaunen war es fast dunkel geworden. Ich hatte mehrere Stunden dagesessen und meditiert, doch die Stunden waren mir nur wie Sekunden vorgekommen.

Meister Fwap hatte auf jeden Fall recht. Die höheren pranischen Strömungen des Tales machten es mir viel leichter zu meditieren. Meister Fwap erhob sich und reckte seine Glieder. Dann gingen wir beide schweigend zurück zum Kloster. Das einzige Geräusch, das im Tal zu vernehmen war, war der Klang unserer Schritte auf den Stufen des alten Hofes.

Die Leere des Schnees

Meister Fwap und ich verbrachten noch einige weitere Tage im Felswandkloster. Während jener Zeit hatte ich Gelegenheit, mich in der Meditation zu üben und weiter Nepalesisch zu lernen. Gegen Ende unseres Aufenthaltes fühlte ich mich immer rastloser. Meister Fwap erklärte mir, daß die pranischen Strömungen des Tales ein wenig zu stark für mich seien; daher meine Rastlosigkeit.

Wir verließen das Kloster und nahmen einen Weg, der uns durch eine Folge von Tälern zwischen großen, schneebedeckten Bergketten hindurchführte. Es erschien merkwürdig, durch grüne Felder und Wälder zu wandern, während gleichzeitig zu beiden Seiten steile, schneebedeckte Berge unseren Weg säumten.

Wir kamen durch einige kleine Dörfer. Meister Fwap schien in ganz Nepal jedermanns Freund zu sein. Wo immer wir hinkamen, wurden wir wie Ehrengäste behandelt. Die Dorfbewohner gaben uns Speisen und Buttertee, ohne daß wir sie darum hätten bitten müssen, und viele der Bergbewohner erkundigten sich höflich, ob das Snowboard, das ich auf dem Rücken trug, ein der religiösen Andacht dienender Gegenstand sei.

Am fünften Tag unserer Wanderschaft stiegen wir

einen hohen Gebirgspaß hinauf. Den größten Teil des Vormittages ging es ständig bergauf. Als wir oben waren, setzten wir uns auf den schnee- und eisbedeckten Boden. Wie gewöhnlich war ich nach unserem Anstieg völlig verschwitzt, während Meister Fwap nicht im mindesten angestrengt wirkte.

Ein paar Minuten lang saßen wir schweigend da. Nach und nach ließ das Pochen in meiner Brust nach, und mein Atem beruhigte sich. Ich drehte mich zu Meister Fwap um und sah, daß er die Augen geschlossen hatte und meditierte.

Ich betrachtete die unter uns liegende Landschaft. Die grünen Täler und schneebedeckten Berge Nepals schienen sich in unendliche Weiten zu erstrecken. Die Welt war still und schön. Anders als die gestreßte Welt, aus der ich gekommen war, gab es hier keinen Verkehrslärm, keinen Smog und keines der sonstigen Zeichen für den «Fortschritt» der Menschheit. Die Welt, die ich hier vor Augen hatte, war unverdorben, natürlich und rein.

«Du siehst, dies ist das Leben», begann Meister Fwap. «Es ist leer und rein, wie der Schnee auf dem Himalaya.»

Ich blickte mich wieder um und sah, daß Meister Fwap nun die Augen geöffnet hatte und wie ich die Landschaft betrachtete, in deren Anblick ich mich vor einigen Augenblicken versenkt hatte.

«Aber, Meister Fwap, wie könnt Ihr behaupten, das Leben sei leer und rein wie Schnee? Die Welt, die der Mensch sich geschaffen hat, ist ein schrecklicher Ort. Sie ist voller Lärm und Schmutz. Dies ist einer der wenigen sauberen Plätze, die es noch auf der Erde gibt. Und das ist noch nicht einmal alles. Die Menschen sind grausam zueinander. Sie bringen sich gegenseitig um, bestehlen und unterdrücken einander auf tausenderlei Weise. Wie könnt Ihr da sagen, die Welt sei leer und rein? Ich denke, genau das Gegenteil ist der Fall: Sie ist übervölkert und unrein.»

«Ja», erwiderte er, «dem äußeren Auge mag es so erscheinen. Aber zuerst einmal mußt du die Leere und die Reinheit unseres Schnees hier im Himalaya verstehen; dann wirst du vielleicht erkennen, warum ich glaube, daß die Welt ebenfalls leer und rein ist.»

«Meister Fwap, ich verstehe nicht, was Ihr meint.»

«Der Schnee im Himalaya ist leer und rein. Damit meine ich, daß er vom Himmel kommt, die Berge bedeckt und dann in der Wärme des Sonnenlichtes schmilzt. Der Schnee hier kann so dicht fallen, daß du keinen halben Meter weit mehr sehen kannst. Er verändert die Berge. Er verwandelt diese Steinfarben in reines Weiß.»

«Und was hat das damit zu tun, daß die Welt leer und rein sein soll?» fragte ich.

«Die Welt ist leer und rein», erwiderte er freundlich. «Sie ist immer so gewesen und wird immer so sein für alle Zeiten. Das kann keiner von uns ändern.»

«Meister Fwap, ich glaube, ich verstehe immer noch nicht, was Ihr mit leer meint.»

«Leere», erwiderte er, «ist ein Wort, das Abwesenheit bedeutet. Ich könnte genausogut die Worte ‹Fülle über jedes Fassungsvermögen hinaus› gebrauchen. Ihre Bedeutung wäre die gleiche. Ich kenne keine anderen Worte in deiner Sprache, um zum Ausdruck zu bringen, was Leere ist.»

«Aber, Meister Fwap, Leere und Fülle sind Gegensätze. Wie können sie das gleiche bedeuten?»

«Es gibt immer zwei Welten, die vor uns liegen», erklärte Meister Fwap geduldig. «Die eine Welt können alle sehen und die andere ist für niemanden außer dem Erleuchteten sichtbar.

Die Welt, die alle sehen können, wirkt sehr festgefügt, aber das ist sie in Wahrheit nicht. Die Welt, die wir nicht sehen können, scheint überhaupt nicht real zu sein, aber sie ist in Wahrheit viel festgefügter und realer als die Welt, die wir jeden Tag vor unseren Augen haben.

Die sichtbare Welt nennen wir das Leben, und die unsichtbare Welt ist der Tod», fuhr Meister Fwap fort. «Vielleicht ist Tod nicht ihr einziger Zustand, aber ich finde kein besseres Wort dafür.

Die scheinbare Festgefügtheit der sichtbaren Welt ist flüchtig», bemerkte er leichthin. «Nichts hat hier Dauer. Alles Wirken des Menschen endet in Sekundenschnelle. Es hat absolut keine Substanz.»

«Meister Fwap, wie kann das sein? Die Welt existiert ewig; wie kann sie da jede Sekunde zu Ende gehen?»

«Ich will es dir zeigen. Der Augenblick, in dem wir uns

gerade jetzt befinden, existiert... jetzt ist er vergangen, und wir befinden uns in einem neuen Augenblick... jetzt ist auch dieser Augenblick vergangen, und wir sind wieder in einem anderen.

Wenn jeder Augenblick endet», fuhr er fort, «endet die Welt mit ihm. In jedem neuen Augenblick wird die Welt neu erschaffen. Dieses jeden Augenblick stattfindende Enden und Schaffen ist es, was wir Leben nennen. Dein Geist und dein Körper erfahren es fortwährend, ohne daß du davon weißt.

Alle Dinge, die sich in einem Augenblick ereignen, enden auch in diesem Augenblick. Wer weiß, warum? Es ist eben so. Die menschlichen Wesen führen sich selbst an der Nase herum, indem sie denken, es gebe eine Vergangenheit und eine Zukunft, die Dinge dauerten und seien von Bedeutung. Aber dies ist nur eine Täuschung.

Nichts hat Dauer und nichts ist wirklich wichtig», sagte er. «Die Dinge scheinen nur von Dauer zu sein und Gewicht zu haben, wenn du das Leben durch deine Sinne erfährst und durch die Wahrnehmung deines körperlichen Geistes.

Das ist es, was ich mit Leere meine – der Welt, die du vor dir siehst, mangelt es in jeder Hinsicht an Festgefügtheit. Von Augenblick zu Augenblick kommt und geht sie. Warum sich mit etwas Vorübergehendem abgeben und bekümmern, das hier, in dieser Welt, in Erscheinung tritt?

Ich weiß, daß du es gut meinst», sagte Meister Fwap

leichten Herzens, «und daß dein Herz rein ist. Darum hat dich das Karma zu meinem Schüler bestimmt. Du wurdest mit einem reinen Herzen geboren – das heißt, mit einer reinen Aura. Du hast eine reine Aura, weil du in so vielen früheren Inkarnationen meditiert und damit alle Unreinheiten aus deinem inneren Wesen ausgemerzt hast.

Aber die Weisheit lehrt uns, daß all unsere Sorgen – die Dinge im Leben, die uns aufbringen – unwirklich sind. Sie scheinen nur von Gewicht zu sein, wenn wir das Leben nicht so betrachten, wie es der Erleuchtete tut.»

«Wie sieht denn der Erleuchtete das Leben, Meister Fwap?»

«Du warst in vielen deiner früheren Leben erleuchtet – du solltest es wissen», erwiderte er spöttisch.

«Nun, wenn ich das war, so kann ich mich bestimmt nicht mehr daran erinnern. Würdet Ihr mir bitte erklären, wie all das einem Menschen erscheint, der erleuchtet ist?»

«Wir bestehen alle aus schwingenden Teilchen vernünftigen Lichtes», erwiderte er. «Aber das ist nur eine Seite unserer Natur. Wir haben noch eine andere Seite; das ist die Seite, die nur der Erleuchtete sehen kann.

Die Leere des Schnees ist der Tod», sagte Meister Fwap mit einer weit ausgreifenden Geste seiner Hand, die alles umfaßte, was in dem weiten Panorama vor uns zu sehen war. «Das ist die andere Seite von all dem, was du das Leben nennst.»

«Was ist der Tod, Meister Fwap?»

«Also, lieber Junge, der Tod ist das Leben.»

«Dann, nehme ich an, ist das Leben der Tod?» fragte ich zögernd.

«Ja, genau, jetzt hast du es erfaßt! Sehr gut!» Meister Fwap schenkte mir ein strahlendes Lächeln.

«Großartig, Meister Fwap. Aber was bedeutet das jetzt?»

«Nun, es bedeutet, daß die Welt vollkommen ist. Nichts und niemand kann sie im mindesten ändern. Die unsichtbare Welt, die nur der Erleuchtete zu sehen vermag, ist Essenz – sie ist das ewige Leben. Dorthin kehren wir zurück, wenn wir sterben. Wir kehren für eine Weile in das vollkommene, ewige Licht zurück, und dann werden wir wiedergeboren.

Diese Welt, die du vor dir siehst, wird in jedem Augenblick wiedergeboren und stirbt in jedem Augenblick. Wenn sie geboren wird, kommt sie aus der unsichtbaren Welt – der Welt, die du nicht sehen kannst. Wenn sie stirbt, kehrt sie in jene Welt zurück. Jene Welt ist vollkommenes Bewußtsein. Sie ist Ekstase. Dort gibt es kein Leiden, kein Gefühl des Verlustes, des Gewinnes oder des Schmerzes.

Es wäre ein Fehler, Leid zu empfinden wegen etwas, das du hier in dieser nur von Augenblick zu Augenblick existierenden Welt siehst, fühlst oder erlebst – so wie es falsch wäre, sich über einen beängstigenden Traum aufzuregen. Träume haben keine Substanz; sie haben keine

Dauer. Wenn du erwachst, ist der Traum Vergangenheit, ganz gleich, wie lebhaft er war. Er existiert nicht mehr; warum also solltest du dir gestatten, dich über etwas aufzuregen, das nicht mehr existiert?

Wenn du die andere Seite des Lebens sehen kannst, die Welt, die du den Tod nennst – das mysteriöse, unerforschte Universum, das direkt jenseits unseres Geistes und unserer Sinne liegt –, werden aller Schmerz und alle Enttäuschung deines Lebens verschwunden sein. Du wirst sehen, daß alle längst dahingegangenen Dinge und Menschen, die du geliebt hast und noch liebst, wohlauf sind. Sie haben sich nur von der Welt, die von Augenblick zu Augenblick existiert, in die Welt der Leere zurückgezogen. Sie sind zurückgekehrt in das Reservoir des Lebens, das wir Nirwana nennen.

Die Welt ist leer», sagte Meister Fwap mit beinahe flüsternder Stimme. «All die Menschen und Orte, die Erde, die Meere, die Berge, die Wüsten, die Wälder und die Städte und die Wesen, die sie bewohnen, sind unveränderbar.

Sie scheinen sich zu ändern, o ja!» sagte er plötzlich mit lauterer Stimme. «Aber ein Teil von ihnen kehrt ins Nirwana zurück, und ein anderer Teil von ihnen kommt heraus. Du kannst es nicht sehen, so daß es wie ein Zaubertrick wirkt. Wir sind überzeugt, daß etwas passiert ist, während sich in Wirklichkeit überhaupt nichts ereignet hat.»

«Meister Fwap, wie ist das möglich?»

«Das ist die Vollkommenheit des Lebens», erwiderte er mit breitem Lächeln. «Ich will dir ein Beispiel geben. Dann wirst du vielleicht verstehen, warum ich über das, was der Erde zugestoßen ist, nicht so traurig bin wie du.

Denk einmal an Kinder, die in diese Welt hineingeboren werden. Sie machen viele Entwicklungsstadien durch. Sie wachsen zu Jugendlichen heran, dann zu jungen Erwachsenen, sie erreichen ein mittleres Alter und werden schließlich alt. Dann sterben sie. Nun mag es scheinen, wenn man nur die Oberfläche des Lebens betrachtet, daß sie viele Veränderungen durchgemacht haben und danach verschwunden sind. Aber dies ist nicht das ganze Bild.

Die andere Seite dieses Lebens hat Dimensionen ohne Ende – Realitäten ohne Ende, die sich bis in die Unendlichkeit erstrecken. Es gibt Welten von Formen und Dimensionalitäten, die unserer eigenen ähnlich sind. Es gibt aber auch formlose Welten, die aus reinem und vollkommenem Licht bestehen. Jenseits sowohl der formlosen als auch der formhaften Welten gibt es noch etwas – das Nirwana, die endlose und vollkommene Quelle von allem. Das Nirwana ist es, woraus all diese endlosen Welten der Formlosigkeit und der Form entstehen.»

«Aber wie ist das möglich, Meister Fwap? Wollt Ihr damit sagen, daß alles, was jetzt existiert, bereits im Nirwana existiert hat, bevor es hierherkam?»

«Genau! Alles ist ewig, das Leben hat keinen Anfang

und kein Ende. Es hat auch keine Mitte. Die Dinge erscheinen nur für kurze Zeit in dieser Welt. Sie kommen aus dem Nirwana hierher. Sie existieren hier für eine kurze Zeit und kehren dann ins Nirwana zurück.

Das Nirwana ist Leere», fuhr er fort. «Es enthält alles, das jemals gewesen ist, jetzt ist und jemals sein wird.»

«Bedeutet das, daß das Nirwana der Himmel ist, Meister Fwap?»

«Nicht so, wie du es dir vorstellst», erwiderte er.

«Nur, wenn es nicht der Himmel ist, was ist es dann?»

«Stell dir das Nirwana als einen endlosen Ozean des höchsten vernünftigen Lichtes vor», erwiderte er. «Er erstreckt sich in alle Ewigkeit, in alle Richtungen und durch alle Zeiten. Er enthält in sich den Samen für alles, was jemals sein kann.

Von Zeit zu Zeit erscheinen sichtbare Teile des Nirwana hier in dem, was wir die Welt nennen. Dann, nach einiger Zeit, lösen sich diese Dinge wieder in Essenz auf, in ihre Formlosigkeit des Nirwana.

Nichts kann sterben und nichts kann wiedergeboren werden. Die Dinge ändern nur ihre äußere Erscheinung. Wenn du ins Innere der Dinge und Menschen blicken kannst, dann entdeckst du, daß ihre Essenz unwandelbares, vollkommenes Licht ist. Wir alle sind das Nirwana: das, was unsere wesentliche Form ist, ist die wesentliche Formlosigkeit der vollkommenen Existenz.»

* * *

Meister Fwap verstummte. Wir saßen eine Weile dort, ohne zu sprechen, und lauschten dem Klang des Windes, der über die schneebedeckten Bergpässe strich. Dann sagte Meister Fwap, ich solle vorausgehen und den Berg mit meinem Snowboard hinunterfahren. Er meinte noch, ich solle nicht sofort über das nachdenken, was er mir gerade gesagt habe, aber vielleicht einmal in der Zukunft.

«Konzentriere dich nur darauf, eins mit dem Board zu werden», sagte er mit einem Lachen.

Ich stieg auf mein Board und schoß durch den tiefen Pulverschnee den Berg hinab. Mühelos umfuhr ich verschiedene Felsblöcke und beendete die Abfahrt in Rekordzeit. Meister Fwap erwartete mich schon am Fuße des Berges; seine ockerfarbene Mönchsrobe flatterte im Wind. Es war schon recht dunkel geworden, und der kalte Wind des Himalaya ließ mich zittern. «Das war nicht schlecht!» gratulierte er mir lächelnd.

Wir standen einige Minuten schweigend da und sahen uns an. Erst in diesem Augenblick begriff ich, wie sehr ich diesen betagten und geheimnisvollen Mönch inzwischen liebgewonnen hatte. Überwältigt von Gefühlen wandte ich den Blick ab. Dann stiegen wir gemeinsam den Rest des schneebedeckten Hanges hinab zu der Stein- und Schotterstraße, die unter uns lag, und ließen uns von einem gelb-blauen Touristenbus mit zurück nach Katmandu nehmen.

Inhalt